SÉRIE INCLUSÃO ESCOLAR

Sueli Fernandes

EDUCAÇÃO DE
surdos

Rua Clara Vendramin, 58 • Mossunguê
CEP 81200-170 • Curitiba • PR • Brasil
Fone: (41) 2106-4170
www.intersaberes.com
editora@intersaberes.com.br

Conselho editorial
Dr. Ivo José Both (presidente)
Dr.ª Elena Godoy
Dr. Nelson Luís Dias
Dr. Neri dos Santos
Dr. Ulf Gregor Baranow

Editora-chefe
Lindsay Azambuja

Supervisora editorial
Ariadne Nunes Wenger

Analista editorial
Ariel Martins

Preparação de originais
Keila Nunes Moreira

Capa
Fernando Zanoni Szytko

Ilustração de capa
Marcos de Mello

Projeto gráfico e diagramação
Regiane Rosa
Fernando Zanoni Szytko

Iconografia
Danielle Scholtz

Dados Internacionais de Catalogação na Publicação (CIP)
(Câmara Brasileira do Livro, SP, Brasil)

Fernandes, Sueli
   Educação de surdos/Sueli Fernandes. –
Curitiba: InterSaberes, 2012. (Série Inclusão Escolar).

   Bibliografia.
   ISBN 978-85-8212-013-2

   1. Educação de surdos 2. Fonoaudiologia
3. Surdez I. Título. II. Série.
12-07643   CDD-371.912

Índices para catálogo sistemático:
1. Educação de Surdos 371.912
2. Surdos: Educação 371.912

1ª edição, 2013.
Foi feito o depósito legal.
Informamos que é de inteira responsabilidade da autora a emissão de conceitos.
Nenhuma parte desta publicação poderá ser reproduzida por qualquer meio ou forma sem a prévia autorização da Editora InterSaberes.
A violação dos direitos autorais é crime estabelecido na Lei nº 9.610/1998 e punido pelo art. 184 do Código Penal.

Sumário

Apresentação, 7

Introdução, 11

HISTÓRICO DA EDUCAÇÃO DE SURDOS, 15

1.1 Nos primórdios, 19

1.2 Fala ou sinais? Inicia-se a educação formal dos Surdos, 25

1.3 O triunfo do oralismo e da medicalização da surdez, 32

OS MOVIMENTOS SURDOS
E A RESISTÊNCIA AO OUVINTISMO, 49

2.1 A organização política do movimento surdo, 54

2.2 Movimentos sociais e políticas públicas na educação de Surdos no Brasil, 61

SURDEZ E LINGUAGENS, 73

3.1 Aspectos linguísticos e culturais da Língua Brasileira de Sinais (Libras), 80

3.2 A família e o desenvolvimento da linguagem, 88

EDUCAÇÃO BILÍNGUE PARA
SURDOS: DESAFIOS À INCLUSÃO, 103

4.1 Quanto à comunicação, 107

4.2 Quanto ao aprendizado da modalidade escrita do português como segunda língua, 111

4.3 A inclusão de alunos Surdos e o atendimento educacional especializado, 120

Considerações finais, 133

Referências, 135

Gabarito, 143

Nota sobre a autora, 145

Apresentação

A inclusão de alunos Surdos[1] impõe inúmeros desafios aos sistemas de ensino em razão das mudanças estruturais ocorridas desde a década de 1980. Esse momento histórico congrega um período de transição: da escola que ignorava as diferenças de tais alunos, tratando-os como se fossem ouvintes, para uma fase de resgate de direitos – em que os Surdos figuram como minoria (levando em conta aspectos linguísticos) – e de exigência do reconhecimento dessa diferença pelo sistema educacional.

Essas tendências com objetivos contraditórios coexistem na **educação especial**, a qual opera, por um lado, como mecanismo de manutenção de práticas tradicionais e, por outro, como espaço de contestação e de efetivação de novas políticas de identidade.

Em alguns espaços "escolares" ainda perpetuam propostas de atendimento em que o aluno Surdo figura como um "paciente", recebendo tratamento especializado do professor – misto de

---

1 Há um acordo tácito entre partidários de novas configurações identitárias na área em grafar o termo *Surdos* com letra maiúscula sempre que estiver em foco o debate em torno do sujeito e suas diferenças culturais, e a expressão *surdez*, com letra minúscula, quando a discussão envolver aspectos clínico-terapêuticos relacionados à perda auditiva e à deficiência. Adotaremos, neste texto, essa convenção.

educador e fonoaudiólogo –, cujas práticas objetivam a reabilitação da audição e da fala.

Já em outros espaços, novas práticas são produzidas voltadas ao reconhecimento das possibilidades dos alunos Surdos, em que são potencializadas suas diferenças linguísticas e culturais. Nas propostas pedagógicas desenvolvidas com essa perspectiva, o objetivo é consolidar uma situação de bilinguismo, em que a língua de sinais seja mediadora no acesso às atividades escolares e a língua portuguesa seja aprendida como uma segunda língua. Essa visão, defendida nas agendas políticas de movimentos surdos organizados, tem como princípio a celebração das diferenças dos sujeitos Surdos e suas possibilidades alternativas de comunicação e aprendizagem.

Neste livro, intitulado *Educação de Surdos*, lançamo-nos ao desafio de contextualizar os determinantes históricos e ideológicos em que as duas tendências citadas anteriormente foram fundadas, oferecendo a oportunidade de reflexão/crítica e aprofundamento acerca da trajetória escolar e social dos Surdos.

Esta obra se organiza em quatro capítulos, que buscam sintetizar os principais debates e as demandas educacionais que contextualizam a inclusão de Surdos na atualidade.

O primeiro capítulo apresenta uma narrativa histórica das políticas de atenção social para Surdos, desde a Antiguidade até os dias de hoje, revelando as concepções de sujeito e de conhecimento que as motivaram em cada época. O texto aponta para a circularidade dos fatos históricos demonstrada pelo resgate, na década de 1990, de práticas realizadas no século XVIII. Além disso, esforçamo-nos para explicitar que o estigma de incapacidade e limitação difundido nas concepções sociais sobre a surdez e os Surdos tem suas raízes no século XIX, período em que a medicina, e não a pedagogia, cuidou da educação dos Surdos.

No segundo e no terceiro capítulos, ocupamo-nos em esmiuçar fatos novos abordados na educação de Surdos no atual momento histórico, em que o preconceito e a discriminação que cercam as diferenças individuais e culturais que nos constituem têm sido combatidos nos discursos oficiais e na literatura produzida na área. Abrimos espaço para a voz dos Surdos, apresentando a gênese de seus movimentos sociais, além das lutas e das conquistas efetivadas, de modo a mostrar que o que os faz diferentes não é a falta de audição, mas sua forma visual de interação e comunicação, simbolizada pelo uso da língua de sinais. Ainda são sintetizados nesses capítulos conhecimentos das principais investigações sobre a língua de sinais e suas implicações para o desenvolvimento linguístico, cognitivo, afetivo-emocional e social das pessoas Surdas.

No último capítulo, buscamos articular os conhecimentos teóricos desenvolvidos com as mudanças que se fazem necessárias nas práticas dos sistemas de ensino, diante da urgência de implementação da educação bilíngue para Surdos, que envolve a Língua Brasileira de Sinais (Libras) e a língua portuguesa no currículo escolar.

Convidamos o leitor, nas páginas que se seguem, ao exercício da reflexão crítica acerca de conhecimentos sobre os Surdos e a surdez, os quais foram sistematizados e incorporados ao longo de sua formação profissional como verdades inquestionáveis.

Imersos nessa perspectiva, pretendemos ancorar nossas discussões neste texto: realizando contrapontos, questionamentos e reflexões com base em fundamentos históricos, políticos, linguísticos e pedagógicos que circunscrevem novas concepções e práticas no processo educacional dos Surdos.

Esperamos que os conhecimentos aqui sistematizados contribuam para uma sólida política de formação profissional que integra aulas a distância e atividades de reflexão e de estudo. Nossa principal intenção é a de oportunizar a superação de um modelo escolar que opera na manutenção de processos de exclusão e de marginalização de parcelas da população escolar brasileira que, como os Surdos, lutam pelo direito à cidadania.

Introdução

Na década de 1990, mudanças intensas agitaram o cenário de educação de Surdos no Brasil. Motivados pelos movimentos surdos em nível mundial, grupos brasileiros passaram a reivindicar a garantia da comunicação e do acesso ao conhecimento mediados pela língua de sinais, nos diferentes segmentos sociais, como um dos direitos imprescindíveis ao reconhecimento de sua cidadania bilíngue. Isto é, para a comunidade Surda organizada politicamente, tornou-se uma bandeira de luta o respeito à sua situação linguística diferenciada, com o reconhecimento da língua de sinais como seu símbolo identitário e, somado a isso, o direito ao aprendizado escolar da língua escrita oficial do país como segunda língua.

A oficialização da Língua Brasileira de Sinais (Libras), as discussões sobre a educação bilíngue, a valorização de educadores Surdos nas escolas e a presença de intérpretes em vários segmentos sociais foram marcos das conquistas dos Surdos brasileiros que se seguiram a esse período.

"É o resultado do processo de inclusão social", alguns poderiam dizer. Para os Surdos, é muito mais que isso. Os últimos 15 anos sintetizam a ruptura com décadas de práticas sociais em que a deficiência da audição se tornou mais importante para a definição de políticas públicas em detrimento de aspectos socioculturais das comunidades surdas. Em síntese, esse movimento representou a cisão com uma tendência na educação especial que colocava a "orelha defeituosa" e suas implicações para o desenvolvimento da fala no centro das práticas educacionais, em detrimento das potencialidades dos sujeitos Surdos na totalidade.

Uma breve incursão pela década de 1980, e o século que a antecedeu, permite-nos compreender a dimensão que essas conquistas simbolizam, pelo mérito que têm em romper com a concepção de deficiência que circunscreveu o "Ser Surdo", sua escolarização e sua cidadania, historicamente.

Estudiosos contemporâneos apontam que o conjunto de concepções e práticas que norteou a educação desses alunos no último século – inserindo os Surdos e a surdez em discursos e práticas relacionados à patologia, ao déficit e à limitação – pode ser denominado de *modelo clínico-terapêutico da surdez* e já não encontra respaldo científico no século XXI. Esse modelo vem sendo fortemente questionado, desde a década de 1960, por pesquisadores e estudiosos das áreas das ciências humanas, com destaque à linguística e à filosofia, e cede espaço a novas percepções dos sujeitos Surdos e de suas possibilidades educacionais e sociais.

O aspecto mais significativo dessa mudança repousa no reconhecimento do potencial visual dos sujeitos Surdos na produção de formas alternativas de interação e de comunicação simbólica, sendo a língua de sinais seu produto cultural mais representativo. Nessa perspectiva, ao invés de "deficientes", eles passam a ser reconhecidos como um grupo cultural que utiliza uma língua minoritária – a Libras. Essa constatação se faz em relação à língua oficial e majoritária do país – a língua portuguesa.

Reconhecer parte[1] das pessoas Surdas como integrante de uma minoria linguística e cultural que utiliza a Libras, língua complexa e completa, gramatical e funcionalmente, mas sem prestígio social, é a principal tese que sustenta essa nova perspectiva de discussão do que significa "ser Surdo".

A educação, como espaço ideológico de (re)produção do conhecimento, que se constitui no interior das relações sociais, interpela os educadores ao enfrentamento dos desafios que se impõem diante das novas práticas pedagógicas e sociais que esse fato invoca.

---

1 Chamamos a atenção para o fato de que apenas parte das pessoas Surdas compartilha dessa visão dos Surdos como integrantes de um grupo cultural. Esse segmento está representado por intelectuais e militantes Surdos, além de simpatizantes não Surdos, que desenvolvem pesquisas de mestrado e doutorado na linha dos Estudos Surdos, integrante dos estudos culturais em educação.

Histórico da educação de Surdos

Sobre a educação de Surdos, há muitas versões históricas que podem ser relatadas, a depender do ponto de vista do narrador. Na perspectiva oficial, há a história apresentada pela maioria dos textos publicados na área, sob a ótica de pessoas não Surdas[1] e seus esforços para tornar as pessoas Surdas em indivíduos sociáveis, plenamente integrados a um mundo que se constitui com base na audição e na fala.

Essa versão põe em destaque a **deficiência auditiva**, categorizando os indivíduos pelo grau de perda (leve, moderada, severa e profunda) desse sentido, questão que pode ser sintetizada nos seguintes fatos abordados na literatura disponível na área:

» as primeiras iniciativas na educação de Surdos, já no século XVI, com ênfase aos famosos personagens (obviamente não Surdos) que a empreenderam;

» a fundação das instituições especializadas pioneiras no contexto europeu e, posteriormente, no brasileiro, entre 1850 e 1950;

» os avanços médicos e tecnológicos que permitiram conhecer a anatomia e a fisiologia da audição, assim como buscar a cura e o tratamento dos déficits auditivos, destacando-se nesse ponto as fonoterapias, os aparelhos auditivos e o implante coclear;

---

1 Utilizamos a expressão *não Surdos(as)* neste texto, em detrimento à expressão *ouvintes*, como o sentido oposto a *Surdos*, com o objetivo de não gerar efeitos de sentidos que reforcem o confronto entre esses dois grupos, que, historicamente, essencializou suas diferenças em razão do simples fato de poder ou não ouvir.

» o embate metodológico entre correntes gestualistas e oralistas na comunicação e na educação de Surdos (que se estende aos dias de hoje), com predomínio da filosofia oralista, cujo principal objetivo é a reabilitação da audição e da fala como pressuposto para a integração social das pessoas Surdas.

Por outro lado, há a perspectiva não registrada na literatura oficial que sobrevive nas narrativas de Surdos adultos, passadas de geração em geração, as quais não deixam morrer as experiências vivenciadas em sua trajetória familiar, escolar e social. Gradativamente, essas narrativas vêm sendo sistematizadas em dissertações de mestrado e teses de doutorado e, timidamente, ganham espaço no mercado editorial. Nessa versão, vem à tona uma história de denúncias relatadas pelos Surdos sobre práticas sociais arbitrárias em que suas diferenças foram ignoradas e, em alguns casos, silenciadas, permanecendo desconhecidas pela grande maioria das pessoas, dada a escassez de publicações que as veiculam.

Para autores dessa versão, como Sacks (1990), Quadros (1997) e Perlin (1998), entre outros, que põem em evidência os sujeitos Surdos, o que menos interessa é o grau de perda auditiva ou a patologia que a originou, pois o fio invisível que tece seus laços identitários se constitui na comunicação e na cultura visuais, simbolizadas pela língua de sinais.

Compreender os conflitos e as tensões que constituem a história cultural dos Surdos, nessa visão, requer entender os interesses e as relações de poder que estão em jogo ao se perpetuar o mito de que os Surdos são deficientes e incapazes.

Muito embora a literatura oficial dominante tenda a tratá-los como um grupo homogêneo, cuja principal diferença seria o grau de perda auditiva e a consequente inabilidade para se comunicar e aprender como os demais, os sujeitos Surdos se contrapõem a essa visão.

Eles se esforçam por demonstrar que não há como eleger critérios prévios para caracterizar a experiência da surdez, pois ela é única e não categorizável. Relatam nos fóruns de debate da área e em publicações especializadas que suas identidades são múltiplas e construídas nas diferentes experiências socioculturais que compartilharam ao longo de suas vivências. Para eles, pode-se classificar o ouvido deficiente, jamais o sujeito que o carrega.

Afirmam também que inúmeros grupos poderiam ser contemplados nas suas múltiplas identidades surdas; contudo, suas narrativas se ocupam dos acontecimentos que envolveram Surdos, os quais, ao longo da história, têm sido marginalizados por uma singularidade: utilizar a língua de sinais como forma predominante de comunicação e interação, em detrimento da fala, fato que estabelece a exclusão social.

Essa justificativa, dizem eles, é necessária porque, diferentemente de outros Surdos, que utilizam a linguagem oral por opção ou imposição, os Surdos que priorizam a comunicação visual nas interações verbais têm uma história marcada pela marginalização e discriminação social, que merece ser conhecida pela sociedade.

Como se vê, registrar a história de grupos humanos é uma tarefa complexa, visto que relações de poder estão aí envolvidas.

O posicionamento adotado nunca é neutro, ele reflete uma opção ideológica e está atravessado por valores e adesões pessoais.

As escolhas que fazemos para nossa narração, ao selecionarmos os tempos e os espaços em que os acontecimentos ocorrem, podem favorecer dominadores ou dominados, opressores ou oprimidos. Enfatizamos que essas "divisões" também respondem a opções e interesses referentes ao contexto histórico e social dos homens de cada época. A ocupação do lugar (que não é geográfico, obviamente) de dominador ou dominado é dependente das crenças e de pontos de vista daqueles que realizam as narrativas. É necessário, então, avaliar a lente com que será realizada a leitura dos fragmentos da história da educação de Surdos que se seguem.

Nos itens que compõem este capítulo, encontram-se sintetizadas as ideias da vertente que expressa a "versão oficial da história", por assim dizer.

1.1 Nos primórdios

A surdez é tão antiga quanto a humanidade. Sempre existiram Surdos. O que acontece, porém, nos diferentes momentos históricos, é que nem sempre eles foram respeitados em suas diferenças ou mesmo reconhecidos como seres humanos.

Desde os tempos mais remotos, há registros que indicam a existência de pessoas que não ouviam, e que os Surdos congênitos (de nascença) não aprendiam a falar normalmente e, por isso, expressavam-se por sinais. A falta de audição, nesses relatos, sempre foi associada à incapacidade para compreender e articular a palavra falada, daí serem denominados de *Surdos-mudos* (Sánchez, 1990, p. 31).

> **Surdo-mudo: apague essa ideia!**
> As expressões *Surdo-mudo* ou *mudinho*, embora muito usadas, são pejorativas e exemplificam uma visão preconceituosa sobre as pessoas Surdas. Os Surdos não são mudos, apenas não falam porque não ouvem, mas têm o aparelho fonoarticulatório em plenas condições de funcionamento para a produção vocal, se for o caso. Há serviços de reabilitação oral, desenvolvidos por fonoaudiólogos, que têm como objetivo o desenvolvimento da oralidade, caso as pessoas Surdas optem por aprender essa modalidade de comunicação.

Por muito tempo, os Surdos foram vítimas de uma concepção equivocada que vinculava a surdez à falta de inteligência, levando-os a serem marginalizados, com base na crença hegemônica de que, como não poderiam falar, não desenvolveriam linguagem, não poderiam pensar e, portanto, não haveria possibilidades de aprendizagem formal.

Esse pensamento influenciou as práticas sociais durante toda a Antiguidade e grande parte da Idade Média, sendo os Surdos privados do acesso à instrução – que significava ler escrever e calcular, à época. Comunicavam-se utilizando poucos sinais e gestos rudimentares, já que na família não havia comunicação sistematizada, e eram isolados do convívio da comunidade de seus iguais (Sacks, 1990).

Por conta disso, atos extremamente desumanos foram praticados por diferentes civilizações, as quais consideravam a surdez um castigo. Estas eram influenciadas pelo pensamento mítico da época, que atribuía tal fato à ação e aos poderes sobrenaturais dos deuses, o que não podia ser explicado pelos homens.

Na Grécia e, depois, em Roma, os Surdos eram condenados à escravidão ou à morte, recaindo novamente na ideia de que o pensamento se desenvolvia somente através da palavra articulada oralmente. Uma vez que o sentido da audição lhes faltava, a intenção de ensiná-los a falar foi considerada absurda, relegando-os à condição de não humanos, tal qual os escravos e as mulheres, à época.

Entretanto, algumas vozes importantes se posicionaram contrariamente a tais representações dominantes, mostrando a possibilidade de um outro caminho para os Surdos. É o caso do comentário de Sócrates, que consta na obra de Platão, *Crátilo*, que diz: "se não tivéssemos voz nem língua, mas apesar disso desejássemos manifestar coisas uns para os outros, não deveríamos, como as pessoas que hoje são mudas, nos empenhar em indicar o significado pelas mãos, cabeça e outras partes do corpo?" (Sacks, 1990, p. 31).

Platão, nesse diálogo, discutia a questão da origem da linguagem no homem, a qual ele supunha ser imposta por uma necessidade da natureza, de acordo com a metafísica das ideias, que regia, de fora, a mente humana. Por isso, o argumento para exemplificar a necessidade instintiva da linguagem era imposto por outros meios que não os convencionais para se manifestar (Câmara Júnior, 1975).

No *Corpus Juris Civilis*, código jurídico do Imperador Justiniano, no ano de 528 (século VI de nossa era), pela primeira vez se estabeleceu uma diferença, ainda que equivocada, entre as possibilidades educativas dos **Surdos congênitos**. Esse texto cita que estes são "afetados pela surdo-mudez simultaneamente, e que por causas naturais não podem ouvir nem falar [...] e os Surdos pós-linguísticos [...] em que a surdo-mudez é decorrente de uma desgraça, não desde o nascimento, e que perderam a voz ou a audição por uma doença e que podem ser educados" (Sánchez, 1990, p. 31).

Essa distinção, que apenas visava estabelecer os direitos legais dessas pessoas, trouxe importantes consequências quanto à consciência da dificuldade, ou melhor, à impossibilidade que teriam os Surdos de nascimento de compreender a palavra e de desenvolver a linguagem.

Do mesmo modo, nas afirmações compatíveis com o pensamento da Igreja vigente naquela época, determinadas pelo discurso religioso e pelos dogmas dos textos bíblicos – os quais exaltavam a voz e o ouvido como a única e verdadeira forma pela qual Deus e o homem podiam falar –, enfatizava-se a condição de os Surdos viverem à margem da convivência social:

O Senhor deu-me uma língua erudita, para eu saber sustentar com a palavra o que está cansado; êle [sic] me chama pela manhã, pela manhã chama aos meus ouvidos, para que eu o ouça como a um mestre. (Isaías, 50:4)

O que tem ouvidos para ouvir, ouça. (Mateus, 11:15)

Aquêle [sic] que tem ouvidos ouça o que o Espírito diz às Igrejas [...]. (Apocalipse, 2:7)

E trouxeram-lhe um surdo e mudo, e suplicavam-lhe que lhe impusesse a mão. [...]. E, levantando os olhos ao céu, deu um suspiro, e disse-lhe: Ephpheta, que quer dizer, "abre-te". E imediatamente se lhe abriram os ouvidos e se lhe soltou a prisão da língua, e falava claramente. (Marcos, 7:32-35)

Estava expelindo um demônio, o qual era mudo. E depois de ter expelido o demônio, o mudo falou, e as multidões ficaram maravilhadas. (Lucas, 11:14)

Esses poucos fragmentos do texto bíblico sintetizam a condição que marcou o pensamento desde a Antiguidade até a Idade Média, período de obscuridade e degradação dos direitos das pessoas Surdas, pois, mesmo que superficialmente previstos em algumas das leis, o que na verdade prevaleceu foi uma fase de restrições civis, religiosas e, consequentemente, sociais.

A reversão desse quadro conceitual começou a ter início no final da Idade Média, quando filósofos e pensadores passaram a difundir a ideia da possibilidade de aprendizagem dos Surdos e experiências isoladas foram desenvolvidas por pessoas comuns, demonstrando que a compreensão e a expressão de ideias não dependiam, necessariamente, da audição ou da fala. A respeito disso, temos o discurso do médico filósofo Girolamo Cardano (1501-1576), pronunciado no século XVI:

> *é possível pôr [sic] um surdo-mudo condições de ouvir pela leitura e falar pela escrita [...], pois assim como sons diferentes são convencionalmente usados para significar coisas diferentes, também pode acontecer com as várias figuras de objetos e palavras [...] caracteres e ideias escritas podem ser relacionados sem a intervenção de sons.* (Sacks, 1990, p. 31)

A possibilidade de que os Surdos poderiam aprender sem a intervenção de forças sobrenaturais, míticas ou religiosas deu lugar à tentativa de muitos pedagogos de desenvolver seus trabalhos em diferentes países da Europa, compartilhando a convicção de que era possível educá-los.

Teve início, nesse período, um debate interminável entre experiências pedagógicas que contrapunham correntes que investiam na forma de comunicação "natural" dos Surdos – gestos e sinais – e tendências que insistiam em desenvolver neles o que era universal, natural e comum à palavra falada.

Em síntese, historicamente, o foco das atenções na educação dos Surdos esteve voltado às questões linguísticas e não propriamente pedagógicas (Skliar, 1997b).

1.2 Fala ou sinais? Inicia-se a educação formal dos Surdos[2]

No século XVI, o monge espanhol beneditino Pedro Ponce de León (1520-1584), reconhecido oficialmente como o primeiro professor de Surdos da história, ensinou nobres Surdos a ler, a escrever e a contar, com o apoio de gestos utilizados em alguns mosteiros, como resultado da regra de silêncio ali imposta. Ele utilizava também o alfabeto dactilológico (soletração manual) para a aprendizagem da palavra falada (Meadow, 1980, citado por Sánchez, 1991, p. 36).

Já a primeira alusão à experiência do ensino da fala para Surdos se encontra no famoso tratado *Reducción de las letras y arte para enseñar a hablar a los mudos*, de 1620, no qual o soldado e filólogo Juan Pablo Bonet afirma que

> *para ensinar ao mudo o nome das letras simples [...] o professor e seu aluno devem estar sozinhos, sendo uma operação que requer a maior atenção para a qual convém evitar qualquer movimento de distração [...] o que escrevemos basta para provar que o surdo-mudo não deve ser considerado como um ser incapaz de falar e de refletir, mas como um surdo capaz de aprender as línguas e as ciências.* (Meadow, 1980, citado por Sánchez, 1991, p. 23)

---

[2] A síntese apresentada se vale de pesquisas realizadas nas obras de Sánchez (1991) e Bueno (1998), resenhadas em Fernandes (1998).

Embora Bonet tenha sido o pioneiro, Pedro J. R. Pereire (1715--1780) é apontado, nos relatos históricos, como o mais célebre entre todos os educadores de sua época, como precursor na "desmutização" de Surdos.

Vale lembrar que todas as iniciativas de oralização desenvolvidas entre o século XVI e início do século XVIII têm caráter individual, sendo realizadas por preceptores, geralmente contratados para educar Surdos oriundos da nobreza.

Entre todas as experiências registradas, foi a metodologia de um alemão que ganhou notoriedade no intento de fazer os Surdos falarem. Samuel Heinicke (1727-1790) é conhecido como fundador do *oralismo*, filosofia educacional que tinha como pressuposto que o pensamento era dependente da mediação da fala. Dessa forma, ele retomou o pensamento dominante na Antiguidade greco-romana.

Para Heinicke, a utilização de *gestos* ou *mímica*, como eram denominados os sinais à época, significava caminhar em direção contrária ao avanço do aluno, e a oralização era necessária para que os contatos sociais dos Surdos não fossem restritos aos seus semelhantes. Sua metodologia inicial foi aplicada a apenas dois alunos Surdos (em 1754 e 1768) e se oficializou em 1778, quando ele fundou a primeira escola para Surdos na Alemanha.

Seguidores de Heinicke aperfeiçoaram técnicas e metodologias oralistas, proibindo terminantemente qualquer manifestação que identificasse outra forma de comunicação que não a fala.

Nesse contexto, foram praticados inúmeros atos arbitrários movidos por nobres intenções, em nome do progresso ou da defesa da sociedade, avalizados pela palavra da religião ou da ciência. Exemplificam esse fato a perfuração de ouvidos, a criação de instrumentos mirabolantes que pretendiam interligar o ouvido às cordas vocais, a confissão e a remissão dos pecados permitidos apenas pela oralidade e, sobretudo, a proibição de qualquer forma de comunicação gestual, chegando a ocorrer a amarração ou a mutilação das mãos.

Curiosamente, após quase 300 anos, essas ideias da nocividade da comunicação gestual ainda prevalecem nos fundamentos que norteiam práticas oralistas da atualidade.

Figura 1.1 – Práticas pioneiras de reabilitação oral e auditiva no século XIX

Rafael Ivancheche.

Em posição oposta a seus contemporâneos, na segunda metade do século XIX, o religioso Charles Michel L'Epée criou um método diferente, com base no emprego de sinais, que alcançou imenso sucesso na década de 1780 e que se estendeu a centenas de Surdos por toda a Europa.

Esse sistema procedeu da ideia de que a "mímica" constituía a linguagem natural dos "Surdos-mudos". L'Epée se utilizava de sinais metódicos – uma combinação da língua de sinais utilizada pelos Surdos com a gramática sinalizada francesa – e permitia que os Surdos lessem, escrevessem e compreendessem o que lhes era dito por meio de um intérprete sinalizador.

Os registros sobre experiências educacionais coletivas com pessoas Surdas demonstram que os profissionais envolvidos foram ferrenhos defensores dos sinais, trazendo notoriedade ao Instituto Nacional de Surdos-mudos de Paris, fundado em 1775.

Pelo sucesso obtido, a prática de L'Epée ganhou inúmeros adeptos e vários professores foram treinados para difundi-la nas mais de 20 escolas para Surdos criadas na França e no resto da Europa até 1789. O mais interessante é que, pelo predomínio da comunicação gestual nas aulas, vários professores Surdos passaram a colaborar nas práticas educativas, o que, pela primeira vez, conferiu *status* social às pessoas Surdas.

As evidências históricas sobre os bons resultados por eles alcançados afirmam que "discípulos de L'Epée e de seus sucessores fundaram centenas de outras escolas, em moldes semelhantes, em todo o mundo" (Moura, citado por Bueno, 1998).

A conquista de direitos educacionais e sociais aos Surdos, que dominou a França entre 1770 e 1820, continuou seu curso triunfante nos Estados Unidos até 1870. Em 1864, o congresso americano autorizou o funcionamento da primeira instituição de ensino superior especificamente para Surdos, o Colégio Gallaudet – atualmente Universidade Gallaudet[3], em Washington.

A posição gestualista de L'Epée, que reconheceu a língua de sinais como o único veículo adequado para desenvolver o pensamento e a comunicação dos Surdos, trouxe inúmeras contribuições para a integração social destes. Seus alunos eram capazes de se expressar tanto por meio da língua de sinais francesa (*Langue des Signes Française* – LSF) quanto da escrita, o que possibilitou sua profissionalização em diferentes áreas do conhecimento e a ocupação de papéis sociais significativos.

A língua de sinais francesa, sistematizada como fruto da aglutinação de Surdos europeus no Instituto de Surdos-Mudos de Paris, é conhecida como a primeira língua de sinais do mundo e raiz de todas as outras línguas sinalizadas que foram disseminadas pelo planeta. Sua difusão se deu em decorrência da ida de professores Surdos, que trabalharam com L'Epée, a outros países europeus e ao continente americano, multiplicando a metodologia desenvolvida pelo religioso para educar Surdos.

O trabalho de L'Epée fundamenta uma das maiores conquistas em relação à ampliação da concepção de linguagem para além

---

3 A instituição recebe o nome de seu fundador, Thomas Hopkins Gallaudet (1715-1851), conhecido por ser ferrenho defensor da língua de sinais e dos direitos dos Surdos norte-americanos.

da fala, demonstrando com seus procedimentos que o poder da linguagem sinalizada para a comunicação e a elaboração mental é o mesmo, ainda que se concretize em uma língua tão particular como a língua de sinais.

Obviamente, não havia estudos sistematizados sobre o estatuto linguístico da língua de sinais naquele momento, visto que a linguística organizou seus métodos formais de investigação apenas no início do século XX. Os primeiros estudos científicos sobre a língua de sinais americana (*American Sign Language* – ASL) foram realizados somente em 1960.

Mesmo assim, a "gestualidade" era reconhecida como uma forma própria de comunicação, que deveria ser estimulada pelos ótimos resultados que trazia ao desenvolvimento social e acadêmico dos Surdos.

As experiências pedagógicas desenvolvidas na época objetivavam a leitura, a escrita e a comunicação com os ouvintes mediante a soletração digital (a representação das letras da escrita com as mãos) e o ensino da fala e de sua compreensão pela leitura labial. O domínio da palavra articulada, no entanto, era tratado como um meio, entre outros, para alcançar os fins da educação, e não sua única meta, como foi considerada nos anos que se seguiram.

Essas experiências causaram uma generosa mudança de concepção em relação à aceitação das pessoas Surdas. Conforme afirma Sacks (1990, p. 37),

> *esse período – que agora parece uma espécie de época áurea na história dos Surdos – testemunhou a rápida criação de escolas para*

Surdos, de um modo geral dirigidas por professores Surdos, em todo o mundo civilizado. A saída dos Surdos da negligência e da obscuridade, sua emancipação e cidadania, a rápida conquista de posições de eminência e responsabilidade – escritores Surdos, engenheiros Surdos, filósofos Surdos, intelectuais Surdos, antes inconcebíveis, tornaram-se subitamente possíveis.

Mesmo que sua percepção da língua de sinais seja a de uma língua incompleta e universal – conforme a concepção da época – e carente de complementos inventados por ele para representar palavras da sintaxe da língua francesa, o abade L'Epée é reconhecido como uma das figuras históricas de maior importância na educação de Surdos.

É inegável a superioridade dos métodos utilizados por L'Epée em relação à conquista de direitos educacionais dos Surdos, se comparados aos resultados do oralismo de Heinicke. Enquanto o alemão e seus seguidores desenvolviam experiências individuais e pontuais, que envolviam descendentes Surdos da nobreza europeia, o método francês dominou a Europa e se estendeu ao continente americano, atingindo a grande massa de Surdos marginalizados socialmente.

Mesmo a despeito de todos esses avanços, que perduraram por quase um século, sucedeu-se uma poderosa reação do oralismo, a partir da segunda metade do século XIX, em virtude de fatores políticos e econômicos.

Assim, em pouco mais de 20 anos, as conquistas de um século foram dissipadas.

1.3 O triunfo do oralismo e da medicalização da surdez[4]

A difusão do oralismo puro se intensificou e, no século XIX, a oposição entre os métodos francês (gestual) e alemão (oral) era evidente. No entanto, o oralismo fortaleceu suas bases em toda a Europa por meio da poderosa influência de representantes de prestígio, como o emergente líder Adolf Hitler, na Alemanha, e seu aliado Benito Mussolini, na Itália, além de Alexander Graham Bell, gênio tecnológico da época que, paralelamente à invenção do telefone, trabalhou em protótipos de aparelhos de amplificação sonora para Surdos.

O Segundo Congresso Internacional de Ensino de Surdos-Mudos, marco histórico que simbolizou o triunfo do oralismo, realizado em 1880, na Itália, é conhecido mundialmente até hoje como *Congresso de Milão*. No evento, representantes do mundo todo, em sua maioria não Surdos, aprovaram o método oral como o mais eficaz para a educação da criança Surda.

Segundo Skliar (1997b), as decisões tomadas no Congresso de Milão foram decorrentes de uma confluência de fatores linguísticos, filosóficos e religiosos, mas não educativos:

a Itália ingressava num projeto geral de alfabetização e, deste modo, se tentava eliminar um fator de desvio linguístico – a língua de sinais –, obrigando também as crianças surdas a usar a língua de todos; por

---

[4] Organizado com base nas referências indicadas ao final do livro e em Fernandes (1998).

outra parte, o Congresso legitimava a concepção aristotélica dominante, isto é, a ideia da superioridade do mundo das ideias, da abstração e da razão – representado pela palavra – em oposição ao mundo do concreto e do material – representado pelo gesto –; por último, os educadores religiosos justificavam a escolha oralista, pois se relacionava com a possibilidade confessional dos alunos Surdos. (Skliar, 1997b, p. 109)

Além disso, o estudo das línguas vivas modernas, iniciado no século XVI, intensificou-se e contribuiu para que o aspecto oral da linguagem fosse trazido à tona, firmando bases para a teoria fonética. Os estudos de cunho biológico, que tinham crescente interesse pelos órgãos da fala e sua maneira de produzir os sons da linguagem, encontraram ressonância nas práticas empíricas utilizadas para ensinar os "Surdos-mudos" a articular a palavra (Câmara Júnior, 1975).

Com base em tais pressupostos, alunos Surdos foram proibidos de usar sua língua potencial e obrigados a aprender a falar, independentemente de suas possibilidades para alcançar êxito nessa tarefa. Nesse contexto, não havia mais espaço para os professores Surdos, pois, sob a nova ótica, os ouvintes seriam o modelo ideal para os alunos. A proporção de professores Surdos nas escolas, que chegava a 50% do corpo docente em 1850, caiu para 25% na passagem para o século XX e para 12% em 1970 (Sacks, 1990, p. 44).

A perseguição a que foram submetidas as posições gestualistas, principalmente após o Congresso de Milão, afetou severamente comunidades de Surdos em toda a Europa. Aos adultos Surdos, até então tidos como modelos educativos para as crianças no processo escolar, foram relegados papéis secundários e irrelevantes, quando não o seu desaparecimento das escolas.

Os Surdos e sua história no Brasil

No Brasil, os mesmos movimentos mundiais se refletiram nas propostas de atendimento iniciais. A primeira instituição especializada foi o atual Instituto Nacional de Educação dos Surdos (Ines), fundado no Rio de Janeiro em 1857. Quando iniciou suas atividades, sob a supervisão do professor Surdo francês Ernest Huet, utilizava a língua de sinais como meio de acesso aos conteúdos curriculares, destacando-se como disciplinas a Língua Portuguesa, a Aritmética, a Geografia, a História do Brasil, a Escrituração Mercantil, a Linguagem Articulada, a Leitura sobre os Lábios e a Doutrina Cristã. A despeito dos poucos alunos que inicialmente atendeu, devido à condição social dos Surdos – à época sequer reconhecidos como cidadãos – e ao caráter assistencialista de tal atendimento, Huet atingiu bons resultados.

Ao longo de meio século de existência, diversas mudanças sofridas trouxeram ao Instituto novas dinâmicas administrativas e pedagógicas e, em 1911, conforme a tendência mundial, foram assimilados os pressupostos que fundamentavam as práticas desenvolvidas no resto do mundo, e o oralismo foi estabelecido como metodologia oficial de ensino para alunos Surdos.

A língua de sinais, apesar de oficialmente proibida, sobreviveu em sala de aula até 1957, continuando a ser utilizada, às escondidas, pelos alunos nos banheiros, pátios e corredores da escola, longe do olhar vigilante dos cuidadosos mestres.

Na década de 1920, assumiram a direção do Instituto dois médicos otologistas, famosos pelos trabalhos de reeducação auditiva que realizavam, apresentando como uma das medidas administrativas a divisão dos alunos em dois grupos – o oral e o silencioso – aos quais caberiam "tratamentos" distintos:

» o primeiro tratamento compreendia a linguagem articulada e a leitura labial e era destinado aos Surdos profundos de inteligência normal e aos semissurdos (os não congênitos);

» o segundo se referia à linguagem escrita e à datilologia e era destinado aos retardados de inteligência e aos Surdos que ingressavam depois dos 9 anos.

O maior desafio, à época, era exterminar a chamada *contaminação mímica*, que faz com que os "Surdos-mudos, em poucas horas, se comuniquem, entre si, por esse meio instintivo e deficiente".

Fonte: Adaptado de Espaço, 1997, p. 16-17.

A concepção oralista, que utilizava como critério para a educação a possibilidade ou não de falar, consolidou suas bases científicas no século XIX, fortemente influenciada pelo poder da medicina.

Como ciência orientadora das práticas em educação, a medicina foi uma tendência que teve suas raízes na primeira década de 1800, com as experiências desenvolvidas por Jean Itard, no contexto europeu.

Itard, considerado o precursor da educação especial, realizou as primeiras experiências pedagógicas com um garoto selvagem, com cerca de 10 anos, encontrado nas florestas francesas, tido inicialmente como "Surdo-mudo" e retardado mental. Itard desenvolveu um programa educacional baseado no treinamento de atividades de vida diária, fundamentado no comportamentalismo clássico: estímulo-resposta-reforço – positivo/negativo (Fernandes, 2006c).

Victor, como foi batizado o garoto selvagem, conseguiu alguns avanços em relação ao seu processo de socialização e adestramento, sendo capaz de viver em sociedade e desempenhar tarefas cotidianas simples e, até mesmo, a identificação de letras e de algumas palavras, mas, jamais, falar de fato.

Por conta do êxito obtido pelo médico, seus procedimentos foram adotados, aperfeiçoados e se disseminaram, constituindo-se nos fundamentos da futura educação especial, área sistematizada no século XX, que se estende às pessoas com deficiência, destacando-se as crianças e os jovens Surdos.

Tendo em vista a influência da medicina nos procedimentos utilizados no oralismo, autores como Sánchez (1990) passaram a denominar esse período de *medicalização da surdez*. O objetivo maior da medicina, à época, era corrigir "anormalidades", proceder à "cura" e evitar a manifestação das diferenças. As consequências dessa perspectiva se veem refletidas em ações que tentaram suprimir a diferença como se suprime o sintoma de uma enfermidade.

Na educação dos Surdos, isso se deu pela prática mais óbvia: fazer com que eles falassem como se fossem ouvintes e impedir que se expressassem por meio de sinais. De acordo com Skliar (1997a, p. 111): "medicalizar a surdez significa orientar toda a atenção à cura do problema auditivo, à correção de defeitos da fala, ao treinamento de certas habilidades menores, como a leitura labial e a articulação, mais que a interiorização de instrumentos culturais significativos, como a língua de sinais".

Sob essas bases teóricas, o oralismo sustentou seus métodos, aliando suas práticas aos avanços na medicina. Podemos exemplificar as invenções da eletroacústica, as pesquisas de reabilitação de pacientes com distúrbios da linguagem – como as afasias – e os trabalhos das clínicas foniátricas em geral como práticas que serviram de modelo aos procedimentos utilizados com Surdos nas escolas.

Sánchez (1990) analisa por que a medicina se encarregou da surdez, ainda que não dispusesse de nenhum meio científico para "curá-la". Faltavam respostas ou explicações convincentes às questões pertinentes ao desenvolvimento e às funções da linguagem, bem como de suas implicações sobre o desenvolvimento pleno da pessoa Surda.

Com base na confiabilidade do esquema médico-pedagógico, pode--se proclamar, irresponsavelmente, que todos os Surdos podiam falar, que a surdez era superável, que poderia ser curada. Porém, ao mesmo tempo, eram dadas explicações do porquê, individualmente, os Surdos não aprendiam a falar, os Surdos não eram curados, coisas que sempre se soube [...]. Para perpetuar o engano [...] com testemunhos mais que duvidosos, referidos a pessoas com perdas auditivas parciais ou pós-linguísticas, montou-se o grande circo dos oralizados. (Sánchez, 1990, p. 60-61)

A concepção social predominante durante esse momento histórico pode ser definida, segundo Skliar (1997a), dentro do *ouvintismo*. Esse termo é cunhado pelo autor para se referir ao conjunto de representações e práticas sociais em que a normalidade ouvinte – a maioria – constitui-se no modelo ideal, que deve ser reproduzido pelos Surdos a qualquer custo.

Assim, toma-se a patologia do ouvido, explica-se sua anatomia e seu mau funcionamento e se classifica o déficit biológico do sujeito. Para seu tratamento, indicam-se aparatos tecnológicos, investe-se em aparelhos auditivos e implantes cocleares (mesmo sem a certeza de sua eficácia). Para restabelecer as funções auditivas ineficientes ou inexistentes, são aplicados métodos de reabilitação da audição e da fala. Embora o professor esteja à frente desse processo, seu fazer tem caráter de tratamento clínico-terapêutico, já que reproduz estratégias usadas na fonoaudiologia para a produção da fala e a leitura labial. Em síntese, o ouvido defeituoso – e não o sujeito Surdo – é o centro do processo pedagógico.

Como decorrência de tal ponto de vista, estabeleceu-se uma identidade absoluta entre linguagem e fala. Essa interpretação incide na ideia de que o déficit cognitivo da pessoa Surda se deve à falta de audição e à ausência de experiências mediadas pela oralidade. Por isso, toda a educação oralista teve como determinação alcançar os melhores índices de aproveitamento dos residuais auditivos e o desenvolvimento de métodos e técnicas de produção da fala (desmutização) e leitura labial.

Aproximar os Surdos da "normalidade" ouvinte significava fazê-los falar, devolvendo-lhes a capacidade de abstração e de desenvolvimento cognitivo que a condição afetada pela surdez lhes impunha.

O oralismo prevaleceu como filosofia educacional predominante no período que compreendeu a década de 1880 até meados de 1960, fazendo com que toda a escolarização dos Surdos, bem como o acesso ao conhecimento (informal ou científico), fosse dependente da possibilidade de oralização, o que, na maioria dos casos, não acontecia.

O modelo clínico-terapêutico produziu (produz) e provocou (provoca)[5] efeitos prejudiciais nos aspectos socioemocionais,

---

5 São utilizados verbos nos tempos pretérito e presente por serem, ainda, constatadas influências do modelo clínico na educação de Surdos.

reforçando a percepção social dos Surdos como seres "deficientes" da linguagem, da audição, da cognição, entre outras analogias incapacitantes.

Durante esse período (de mais ou menos 100 anos), os Surdos foram excluídos sistematicamente das discussões, que acabaram por definir seus destinos, sem direito à voz ou ao voto. Desde as primeiras experiências educacionais, foram os não Surdos que, historicamente, decidiram qual a melhor escolha para a integração social dos Surdos.

As práticas desenvolvidas no interior das instituições especializadas, durante esse longo período, não responderam de forma satisfatória à propagada integração e, no final do século XX, não conseguiram sustentar por mais tempo a infinidade de fracassos de seus fundamentos, de suas atitudes e de seus procedimentos.

A fragilidade da sustentação científica que não se comprovava na prática, a lógica mecânica de seus procedimentos, as contradições internas de seu modelo teórico de homogeneização da surdez e, principalmente, o maciço fracasso educacional dos Surdos foram alguns dos fatores que desestabilizaram esse modelo de atendimento.

Muitos outros aspectos de influência dessa concepção de Surdo e de surdez poderiam ser abordados, evidenciando ainda mais os efeitos que o modelo clínico-terapêutico acarretou na vida das pessoas Surdas. Estas, pelas privações linguísticas e culturais que sofreram, tiveram marcas irreversíveis em seus destinos e em suas possibilidades sociais. Nesse contexto, cabe aqui uma afirmativa de Foucault (1984), que diz: onde há poder, há resistência.

No próximo capítulo, veremos as ações e as reações dos Surdos em relação a esse período histórico.

Síntese

Neste capítulo, apresentamos um relato histórico sobre a educação de Surdos nos períodos compreendidos entre a Antiguidade e o século XX, fazendo uma breve alusão a seu movimento no contexto brasileiro. Nesse período, caracteriza-se a oposição entre os métodos gestual, representado pelo francês L'Epée, e oral, que imortalizou o alemão Samuel Heinicke. O oralismo, assim, tem predomínio histórico, estendendo seus princípios e práticas até a contemporaneidade, cujo marco histórico de ascensão foi o Congresso de Milão, em 1880. A fim de que não se procedesse à mera narrativa cronológica, foram abordadas as concepções de surdez e de sujeitos Surdos subjacentes ao oralismo, denominada de *concepção clínico-terapêutica da surdez*. Esse modelo, assim analisado pelas práticas de normalização que impõe aos Surdos, utiliza procedimentos para fazê-los ouvir (tecnologias da audição) e falar (métodos de reabilitação da audição e da fala), aproximando-os do padrão de "normalidade" característico da maioria e proibindo a utilização da língua de sinais e da comunicação gestual.

Indicações culturais

Livro

SACKS, O. **Vendo vozes**: uma jornada pelo mundo dos Surdos. Rio de Janeiro: Imago, 1990.

Nesse livro, o Doutor Oliver Sacks descreve a história dos Surdos nos Estados Unidos e sua luta para serem aceitos no mundo dos ouvintes. Ele analisa a língua de sinais dos Surdos, reconhecida, na década de 1980, como uma língua tão completa, rica e expressiva quanto qualquer linguagem falada. É considerada uma obra pioneira, a qual inscreve novas representações e definições dos Surdos no mercado editorial.

Filmes

O GAROTO selvagem. Direção: François Truffaut. Produção: Marcel Berbert. França: United Artists, 1970. 84 min.

Essa produção francesa reproduz a história de Victor de Aveyron e os procedimentos médico-pedagógicos utilizados pelo Doutor Itard para reeducá-lo. O filme traz uma visão bastante interessante das concepções de educação desenvolvidas naquela época, baseadas em teorias comportamentais. Por acreditar na possibilidade de transformar o garoto selvagem em um homem civilizado, Itard é considerado o "pai da educação especial" e muitas de suas práticas utilizadas com Victor perduram até a atualidade.

E SEU nome é Jonas. Direção: Richard Michaels. EUA: TV Film, 1979. 100 min.

Esse filme narra a história de Jonas, uma criança Surda diagnosticada como retardada mental e internada em um hospital durante três anos. Sua mãe luta arduamente para se comunicar com ele e educá-lo. Inicialmente, ele é ensinado pelo oralismo, sem sucesso, o que agrava seu quadro de agressividade e isolamento social. Por fim, ao aprender a língua de sinais, abrem-se novas perspectivas sociais e pessoais para Jonas. No filme, podemos observar as relações entre a concepção de surdez e suas influências nos aspectos escolar e social.

Atividades de autoavaliação

1. Na trajetória educacional dos Surdos, são vertentes contraditórias:
    a) o gestualismo e a datilologia.
    b) as concepções clínico-terapêuticas e o ouvintismo.
    c) os métodos francês e alemão.
    d) o oralismo e a medicalização da surdez.

2. Sobre o método gestual, é **incorreto** afirmar que:
    a) tem como representante pioneiro o abade L'Epée.
    b) surgiu no contexto europeu, mais precisamente na França.
    c) era um método utilizado para educar Surdos nobres em sessões individuais.
    d) foi o primeiro modelo adotado no Brasil.

3. Considerando cada um dos princípios do oralismo a seguir, assinale (V) para as proposições verdadeiras e (F) para as falsas:
   ( ) O foco metodológico do oralismo repousa em práticas de reabilitação da audição e da fala.
   ( ) O oralismo pressupunha a colaboração de professores Surdos em suas práticas iniciais.
   ( ) É analisado como um modelo clínico-terapêutico da surdez.
   ( ) As primeiras experiências de Heinicke foram coletivas, realizadas com filhos de nobres europeus.

4. Em relação ao trabalho desenvolvido no Brasil, na década de 1920, observe o seguinte parecer e assinale (V) para as proposições verdadeiras ou (F) para as falsas: "O maior desafio, à época, era exterminar a chamada *contaminação mímica* que fazia com que os Surdos-mudos, em poucas horas, se comunicassem, entre si, por esse meio instintivo e deficiente" (Espaço, 1997, p. 17, grifo nosso):
   ( ) A contaminação mímica expressa o pressuposto da cura da surdez, eliminando seus sintomas, como a língua de sinais.
   ( ) A expressão *Surdo-mudo* é adequada, já que os indivíduos Surdos se comunicavam por meio de gestos e mímica.
   ( ) Reflete a concepção adotada na primeira escola pública para Surdos, em Paris.
   ( ) Ilustra o que Sánchez denominou de *medicalização da surdez*.

5. O enunciado que segue traduz a essência do conceito de **ouvintismo**, proposto por Skliar (1997a) para analisar as concepções sociais da surdez no oralismo:

a linguagem falada é prioritária como forma de comunicação dos surdos e a aprendizagem da linguagem oral é preconizada como indispensável para o desenvolvimento integral das crianças. De forma geral, sinais e alfabeto digitais são proibidos, embora alguns aceitem o uso de gestos naturais, e recomenda-se que a recepção da linguagem seja feita pela via auditiva (devidamente treinada) e pela leitura orofacial. (Trenche, 1995, citado por Lacerda, 2007, p. 5)

Indique se essa proposição é verdadeira (V) ou falsa (F).

Atividades de aprendizagem

Questões para reflexão

1. Como pudemos observar neste capítulo, a história da surdez e dos Surdos foi e é marcada por desencontros e confrontos ideológicos, em que imperam o preconceito e a discriminação acerca da possibilidade de ser utilizada, no processo educacional, uma forma alternativa de comunicação que expressa a cultura visual dos Surdos: a língua de sinais. Durante o último século, a principal preocupação por parte dos educadores não Surdos foi o ensino da língua oral. Essa perspectiva sintetiza os pressupostos de uma tendência denominada por autores como Skliar e Sánchez de *modelo clínico-terapêutico da surdez*.

Realize uma pesquisa nas referências indicadas a seguir e também em outras fontes e sintetize os principais fundamentos do modelo clínico-terapêutico da surdez e suas consequências para o processo educacional dos Surdos.

LULKIN, S. O discurso moderno na educação dos Surdos: práticas de controle do corpo e a expressão cultural amordaçada. In: SKLIAR, C. (Org.). **A surdez**: um olhar sobre as diferenças. Porto Alegre: Mediação, 1998.

QUADROS, R. M.; SKLIAR, C. Invertendo epistemologicamente o problema da inclusão: os ouvintes no mundo dos Surdos. **Estilos da Clínica**, São Paulo, v. 7, n. 9, p. 32-51, 2000. Disponível em: <http://www.ronice.ced.ufsc.br/publicacoes/invertendo.pdf>. Acesso em: 19 jul. 2011.

SKLIAR, C. Uma perspectiva sócio-histórica sobre a psicologia e a educação dos Surdos. In: SKLIAR, C. (Org.). **Educação e exclusão**: abordagens socioantropológicas em educação especial. Porto Alegre: Mediação, 1997.

2. Podemos destacar três grandes políticas ou filosofias educacionais na área da surdez: o oralismo, a comunicação total e o bilinguismo. Realize uma pesquisa e sintetize as concepções e os procedimentos adotados em cada uma dessas correntes, considerando:
   » a concepção de surdez e de pessoa Surda;
   » a concepção de linguagem adotada;
   » o papel da língua de sinais na educação;

» as relações entre a língua de sinais e o português no contexto escolar;
» os procedimentos didático-pedagógicos utilizados;
» a relação da comunidade surda com as produções culturais e linguísticas.

Ao final, analise as vantagens e desvantagens existentes em cada um desses itens, considerando as singularidades inerentes à surdez. Para isso, você pode utilizar as referências dos textos da internet que seguem:

DORZIAT, A. **Análise crítica**. Disponível em: <http://www.sj.cefetsc.edu.br/~nepes/docs/midiateca_artigos/historia_educacao_Surdos/texto46.pdf>. Acesso em: 19 jul. 2011.

LACERDA, C. B. F. **Um pouco da história das diferentes abordagens na educação dos Surdos**. Disponível em: <http://www.sj.cefetsc.edu.br/~nepes/docs/midiateca_artigos/historia_educacao_Surdos/texto29.pdf>. Acesso em: 19 jul. 2011.

Atividade aplicada: prática

Agora que você já conheceu aspectos teóricos e metodológicos importantes sobre a história da educação de Surdos no mundo e no Brasil, realize uma pesquisa e organize uma narrativa cronológica sobre a educação de Surdos em seu município. Não se esqueça de identificar os principais fatos e personagens que contribuíram para a organização do atendimento nessa área, analisando as concepções e as tendências educacionais em cada época. Essa pesquisa, por sua importância, poderá ser socializada com os dirigentes e os técnicos da Secretaria Municipal de Educação e integrar o acervo histórico do município.

Os movimentos surdos e a resistência ao ouvintismo[1]

[1] *Esse capítulo foi organizado com base na síntese de informações relatadas, brilhantemente, por Sánchez (1990).*

Como afirmamos no início do capítulo anterior, na complexa dinâmica das relações sociais não cabem unanimidades. Ao acompanharmos os relatos de apenas um dos aspectos da história, aquele em que os Surdos são submetidos às práticas oralistas, que lhes impuseram a necessidade de aprender a falar e a ouvir a qualquer custo, temos a impressão de que estes aceitaram passivamente essa imposição.

No entanto, há outros relatos que começam a ser sistematizados nas pesquisas desenvolvidas em instituições de ensino superior, que aos poucos vêm sendo publicados em forma de artigos e livros, nos quais temos acesso também a outras informações.

Nessas obras, há a preocupação de demonstrar que os Surdos, diferentemente de outros grupos de pessoas que apresentam deficiências, têm como característica principal a necessidade de agrupamento em função da necessidade de formar comunidades linguísticas. No entanto, para muitos, a ideia da formação de comunidades linguísticas pelos Surdos, em função do uso de uma língua comum, cria a falsa ideia de segregação.

Para Behares (1987), citado por Sánchez (1990), de forma diferente de comunidades étnicas, religiosas ou políticas, a comunidade de Surdos deve ser compreendida como uma "comunidade de experiências". Nas palavras desse autor, "É o agrupamento organizado de todas aquelas pessoas (ou uma parte delas) que têm uma diferença específica relacionada com a formação da identidade social e sua integração se dá por meio dessa diferença" (Behares, citado por Sánchez, 1990, p. 61, tradução nossa).

Pessoas não Surdas costumam atribuir a diferença dos Surdos a um aspecto negativo: o não ouvir e o não falar. Já na visão dos Surdos, o que os diferencia é o fato de utilizarem a língua de sinais, um idioma diferente daquele que é usado pela maioria. Obviamente, pessoas não Surdas que aprendem a se comunicar por sinais também podem pertencer a essas "comunidades de experiência".

Relatos históricos demonstram que o resgate dos Surdos, após a sua dispersão pelo mundo, deu-se apenas a partir do final da Idade Média. Como decorrência do crescimento das cidades e dos intercâmbios entre diferentes populações e culturas, favoreceu-se seu agrupamento e a formação de comunidades. Consequentemente, houve o desenvolvimento das línguas de sinais pela necessidade de comunicação.

A concentração de pessoas nos centros urbanos, como forma de gerar a força de trabalho necessária à expansão do modo capitalista de produção, foi determinante para o surgimento e a organização das comunidades surdas (Silva, 2006).

Assim, diferentemente de grupos étnicos que compartilham traços raciais, os Surdos transmitem sua cultura e língua visuais, de geração em geração, apenas quando há a possibilidade da convivência efetiva entre adultos e crianças Surdas. Isso se dá porque o percentual de hereditariedade do traço da surdez é muito pequeno, variando entre 1% a 10% nas populações.

Do mesmo modo, Sánchez (1990) faz uma análise interessante em relação à diferença dos Surdos quando comparados a grupos religiosos e políticos, que se juntam por opção. Isso porque, de acordo com Stokoe (1965), citado por Sánchez (1990, p. 41), não há a possibilidade de se "optar" por ser Surdo em função dos inúmeros fatores que contribuem para esse fato. Assim, é contundente a questão da língua como fator de aglutinação entre os pares pela impossibilidade de se apropriar "naturalmente" da fala. O argumento linguístico é simples, porém forte: o efeito que o fato de possuir **uma língua comum ou necessitar desta** produz sobre o grupo de Surdos é óbvio e habitualmente intenso; quando a diferença não se refere a dialetos ou a idiomas, mas **a ter ou não a linguagem falada**, esse efeito se intensifica enormemente (Perlin, 1998, p. 70).

Desse modo, o crescimento das comunidades surdas se deu nos últimos séculos principalmente em função da criação de asilos-escolas, em diferentes países, como modelo de educação adotado historicamente.

Com base no exposto, podemos refletir sobre as consequências e os efeitos que as decisões tomadas no Congresso de Milão tiveram sobre a formação da identidade linguística e cultural dos Surdos, já que os professores Surdos foram banidos das escolas e a língua de sinais terminantemente proibida.

Podemos nos perguntar, em virtude desse fato histórico, como essa língua sobreviveu no último século e ganhou força e reconhecimento nos dias de hoje. A educação de Surdos nos Estados Unidos traz uma contribuição inegável a essa possibilidade.

Desde sua origem, no período colonial, a educação de Surdos acompanha a perspectiva fortemente influenciada pelas práticas religiosas de caridade e sua problemática é tomada como uma tarefa da comunidade quando a família não pode assumir esse papel. Seguindo a política de segregação daqueles que podem representar ameaças à vida nas colônias (loucos, vagabundos, criminosos), adotada na transição da economia exclusivamente agrícola para a sociedade pré-industrial, são criadas as primeiras escolas de Surdos, por volta da década de 1820, com regime residencial.

Nessas escalas, inspiradas nas orientações do método gestualista de L'Epée e no sistema linguístico francês, por mais de 50 anos os Surdos adultos foram os principais responsáveis pela educação das futuras gerações. Esse fato contribuiu para as mudanças linguísticas ao longo dos anos, que originaram a atual língua de sinais norte-americana (*American Sign Language* – ASL).

Fato curioso é que, no Congresso de Milão, apenas a delegação dos cinco professores americanos, aliados a um professor britânico, votaram favoravelmente à continuidade do método gestual, em oposição aos mais de 150 eleitores presentes.

Esse episódio foi determinante, já que, no retorno do grupo de professores à América, a comunicação gestual continuou a ser adotada (contrariamente à opção pelo oralismo puro predominante no continente europeu). Para os professores, o ensino da língua de sinais não se opunha ao ensino da fala; sendo assim, optaram pela oferta complementar de ambas. Essa decisão era motivada pela crença de que os Surdos de nascença não poderiam aprender a falar, sendo o método oral aplicado apenas àqueles que possuíam restos auditivos.

Desse modo, mesmo que posteriormente escolas orais tenham sido criadas e a medicalização da surdez tenha se efetivada como um modelo dominante também nos Estados Unidos, o fato de haver se fortalecido uma comunidade surda, representada pelos inúmeros professores que, por décadas, foram os responsáveis pela educação de crianças e jovens, contribuiu para a criação de um movimento de resistência.

Assim, apesar das condições adversas, os Surdos não deixaram de lutar pelos seus direitos – fundamentalmente, pelo uso da língua de sinais –, preservando as experiências que possibilitaram a organização das primeiras comunidades surdas.

Destacam-se, nessa versão da história, personagens como Thomas Hopkins Gallaudet, fundador da primeira escola americana, e seu filho, Edward Miner Gallaudet, que mais tarde o substituiu na direção desta. Entre os Surdos, destaca-se Laurent Clerc, professor que propagou as ideias de L'Epée e de seus seguidores na América.

2.1 A organização política do movimento surdo

A partir de 1960, principalmente nos Estados Unidos, as denominadas *minorias étnicas e culturais*, apoiadas por setores representativos da sociedade, organizaram-se em movimentos sociais para reivindicar seus direitos, com o objetivo de terem suas diferenças reconhecidas politicamente.

Engajados nos discursos da igualdade de direitos, líderes Surdos articularam um processo social, denominado pelos estudos socioantropológicos de *movimento surdo*, com o objetivo de denunciar a opressão sofrida historicamente e difundir o que eles afirmavam ser suas produções culturais como grupo minoritário.

Para Gladis Perlin, doutora em Educação e primeira professora Surda de uma universidade federal brasileira, o movimento surdo tem se caracterizado como local de gestação da política de identidade surda contra a coesão ouvinte, por meio de lutas que objetivam, entre outras coisas, questionar a natureza ideológica das experiências surdas e descobrir interconexões entre essa comunidade cultural e o contexto social em geral (Perlin, 1998).

Apoiados em seu poder de mobilização social e no conhecimento científico produzido por disciplinas como Linguística, Psicologia e Antropologia, os movimentos de resistência surda buscam reverter discursos e práticas dominantes, recusando rótulos e estigmas de deficiência e incapacidade que relegam os sujeitos Surdos a uma perspectiva de inferioridade.

Sua principal tese é demonstrar que a perda auditiva é um fato secundário, posto que a principal manifestação do ser Surdo é sua possibilidade de estabelecer vínculos com a realidade social por meio da comunicação visual. O símbolo mediador mais efetivo dessa manifestação é a língua de sinais.

Vejamos quais foram os fatores políticos e científicos que contribuíram para essa organização.

Do ponto de vista **político**, o movimento surdo se ambientou no clima de revolução de grupos minoritários, embalados pela insatisfação popular pós-Segunda Guerra Mundial e pós-Guerra do Vietnã, entre outros conflitos socioeconômicos. Nesse contexto, eclodiram movimentos sociais de minorias étnicas, linguísticas e religiosas que denunciavam a discriminação a que estiveram submetidas e reivindicavam direitos legais ao reconhecimento de suas diferenças.

Na **educação especial**, esse contexto favoreceu o movimento de integração que buscou demonstrar o potencial de pessoas com deficiência para a aprendizagem e o trabalho, abrindo a possibilidade de sua matrícula em escolas regulares, já que seu atendimento se dava exclusivamente em escolas especiais. Como forma de integração parcial, foram criadas as primeiras classes especiais em escolas comuns.

Aliados a esses aspectos políticos indicados, podemos acrescer **fatores científicos** que contribuem para a mudança nos rumos da educação de Surdos no final do século XX.

Particularmente no que tange às línguas e às culturas, o processo histórico de colonização europeia e, posteriormente, norte-americana, que se perpetuou por séculos, disseminou não apenas o seu poder econômico, mas também promoveu um massacre cultural e linguístico dos povos sob seu domínio.

A década de 1960 constituiu um marco para a incorporação de novos campos de estudo pela linguística. A sociolinguística se organiza como uma ramificação da ciência da linguagem, valendo-se de estudos que demonstram a lógica formal e funcional da multiplicidade de línguas e culturas humanas existentes, até então não estudadas por estarem ameaçadas sob o jugo de colonizadores europeus, como portugueses, espanhóis e ingleses.

Intensificaram-se estudos sobre línguas indígenas, línguas de povos africanos e asiáticos primitivos, como também, pela primeira vez, foram sistematizados métodos científicos para a investigação do fenômeno da variação dialetal, solapando a hipótese da unidade linguística.

Essa confluência de fatores contribuiu para a sustentação científica e a sistematização dos estudos linguísticos sobre as línguas de sinais em diferentes países, cujo representante pioneiro é o linguista norte-americano William Stokoe, com seus estudos sobre a ASL.

Como professor do Colégio Gallaudet e aprendiz da língua de sinais, Stokoe pôde realizar um inventário minucioso dos gestos utilizados pelos Surdos e compreender a lógica interna que constituía a regra de formação de palavras nesse idioma. Assim como os fonemas para a fala, o pesquisador descobriu que há um número limitado de unidades (chamadas *configurações de mão*), as quais são combinadas com movimentos sistemáticos, localizados em determinados pontos do corpo, que produzem unidades de sentido.

Aliadas a essas descobertas, incorporaram-se as recentes descobertas da psicologia sobre a importância atribuída à linguagem no desenvolvimento do pensamento simbólico e do raciocínio lógico, com destaque às trocas verbais possibilitadas por uma língua.

Assim, investigações realizadas com crianças Surdas filhas de pais Surdos apontaram seu superior desempenho em testes de inteligência, bem como o desenvolvimento acadêmico, o aprendizado de segundas línguas, entre outros aspectos, se comparadas às crianças Surdas filhas de pais ouvintes. Obviamente, esse fato comprovou o prejuízo das últimas, privadas do acesso à língua de sinais na infância, período fundamental para o desenvolvimento da cognição e da linguagem.

Outro fator surpreendente constatado foi a baixa incidência de problemas emocionais, como a agressividade e a tendência ao isolamento, presentes maciçamente em crianças e adolescentes Surdos que vivem em famílias não Surdas, fato que comprova que a identificação linguístico-cultural com os pares é fator indiscutível no desenvolvimento sadio da personalidade da criança.

As mudanças iniciais, decorrentes dessa nova perspectiva, foram percebidas no espaço educacional por meio da incorporação da língua de sinais nas práticas escolares, originando as primeiras experiências de bilinguismo na educação.

A oposição normalidade ouvinte *versus* deficiência surda passou a ser questionada vigorosamente por meio da participação dos Surdos nos debates e nas decisões pedagógicas.

Argumentam Bergamo e Santana (2005) que os estudos científicos que conferiram à língua de sinais o estatuto de idioma não tiveram apenas repercussões linguísticas e cognitivas, mas, sobretudo, sociais. A sociedade considera que "ser normal" implica ter uma língua; sendo assim, se a anormalidade é a ausência de língua e de tudo o que ela representa (comunicação, pensamento, aprendizagem etc.), a partir do momento em que se configura a língua de sinais como a língua do Surdo, o estatuto do que é normal também muda. Em outras palavras, a língua de sinais oferece a possibilidade de legitimação do Surdo como um "sujeito de linguagem", transformando a "anormalidade" em "diferença" (Bergamo; Santana, 2005). Em última análise, a língua de sinais aproxima os sujeitos Surdos do território da normalidade.

Os movimentos sociais de pressão, orquestrados pelas comunidades surdas no Brasil e no mundo, levantaram bandeiras em torno da necessidade do reconhecimento de sua situação linguística diferenciada, que os aproxima de outros grupos étnicos minoritários e os distancia das pessoas com deficiências. Esse fato foi determinante para se entender o porquê de os Surdos afirmarem, na atualidade, que a surdez não é uma **deficiência**, mas uma **diferença**.

> Diante dessa questão, podemos nos perguntar: Qual termo devemos utilizar no dia a dia? *Deficiente auditivo* ou *Surdo*?

Desde os anos 1970, Surdos no mundo todo empreendem esforços para demonstrar que não veem a si próprios como deficientes, mas como um grupo linguístico e culturalmente diverso (Garcia, 1999). Sobre isso, Thoma (2004, p. 58) faz a seguinte observação:

> *A comunidade surda faz distinções – particularmente quanto à língua – entre os Surdos e os que ouvem. Não uma distinção audiométrica, como aquelas que encontramos com frequência na literatura voltada a ensinar sobre quem são os Surdos, uma literatura que os narra a partir de graus de perda de audição e os coloca sempre em referência a uma norma ideal, em comparação aos que ouvem. Mas uma distinção que fala nos Surdos como sujeitos com uma cultura visual e como membros de uma comunidade plural, mas que têm em comum as marcas da exclusão pela condição do "não ouvir".* [grifo nosso]

Em resumo, o foco da mobilização social dos Surdos é a luta pelo reconhecimento político de sua condição de grupo cultural que representa uma minoria linguística[2]. Nesse sentido, produz-se uma discussão gerada no interior dos movimentos surdos pela mudança na terminologia de referência ao grupo. Em diferentes

---

2 A utilização do termo *minoria linguística* neste texto não pretende gerar um sentido negativo ou de inferioridade à língua de sinais dos Surdos em relação ao português. Nossa opção se deve ao fato de que esse é o termo adotado pela Organização da Nações Unidas (ONU), oficialmente, ao se referir, em suas políticas, a grupos linguísticos minoritários que são discriminados em comunidades que têm uma língua oficial diversa daquela utilizada pelo grupo em questão.

instâncias, os sujeitos Surdos reivindicam o direito de serem referenciados como **Surdos** e não como **deficientes auditivos**.

A mudança de estatuto da surdez, de patologia para fenômeno social ou diferença, vem acompanhada, também, de uma mudança de nomenclatura, não só terminológica, mas conceitual (Bergamo; Santana, 2005). Sobre isso, Maia (2007, p. 4-5) nos diz: "Minorias linguísticas são grupos que usam uma língua, quer entre os membros do grupo, quer em público, que claramente se diferencia daquela utilizada pela maioria, bem como da adotada oficialmente pelo Estado".

Para o grupo, as expressões *deficiência* e *deficiente auditivo(a)* são pejorativas e carregam o estereótipo da doença incurável, do déficit, da limitação. São expressões que continuam a ser utilizadas por médicos e audiologistas que se ocupam do aspecto clínico-terapêutico da surdez. Educadores, linguistas e antropólogos devem ter como foco o sujeito, e não a deficiência.

Assim, a opção pela palavra *Surdo* é ideologicamente marcada.

2.2 Movimentos sociais e políticas públicas na educação de Surdos no Brasil

No Brasil, a partir do final da década de 1990, o conjunto de reflexões e práticas originadas nos movimentos sociais foi incorporado, progressivamente, às políticas públicas.

O movimento pela mudança foi motivado, principalmente, pela grande insatisfação de pais e educadores com relação ao desenvolvimento global de seus filhos e alunos. Apesar dos esforços e da seriedade do trabalho desenvolvido pelas instituições especializadas, até então os resultados obtidos na escolarização e na integração social não foram os esperados.

Um dos principais indicadores desse fato foi o fracasso escolar maciço dos alunos, sinalizado pelo número reduzido de Surdos nos níveis mais avançados da educação básica e quase inexistente no ensino superior.

Como os Surdos dependiam do aprendizado da fala para serem integrados ao ensino comum, e a maioria não obtinha sucesso em sua reabilitação oral, acabavam por não desenvolver uma forma de comunicação sistematizada. Do mesmo modo, como as metodologias de alfabetização priorizavam relações entre letras e sons, tampouco aprendiam a escrever.

Em obra pioneira, Quadros (1997) apresenta dados incontestáveis sobre os resultados acadêmicos de alunos Surdos no oralismo no mundo todo. Nos Estados Unidos, um estudo divulgado em 1972 revelou que o nível de leitura dos jovens Surdos de 18 anos (ensino médio) era equivalente à 4ª série; na Inglaterra, um estudo similar, realizado pelo psicólogo R. Conrad, aponta que estudantes Surdos na graduação apresentavam um nível de leitura próximo ao de uma criança de 9 anos; de maneira mais taxativa, Duffy (citado por Quadros, 1997) argumenta que o nível médio de leitura e escrita de 90% dos alunos Surdos com o segundo grau completo corresponde ao da 5ª série.

No Brasil, Quadros (1997) cita dados semelhantes descritos pela Federação Nacional de Educação e Integração dos Surdos (Feneis)[3], em 1995, sobre uma pesquisa realizada pela Pontifícia Universidade Católica do Paraná (PUCPR) em convênio com o Centro Nacional de Educação Especial (Cenesp), que atestam a mesma realidade: 74% dos Surdos não chegam a concluir o 1º grau; a maioria dos 5% da população surda total que estuda em universidades é incapaz de lidar com o português escrito.

Aliada à questão do fracasso na escolarização está a situação dos inconsistentes resultados na aprendizagem da língua oral. Pesquisas desenvolvidas nos Estados Unidos, também por Duffy (citado por Quadros, 1997, p. 23), constataram que,

apesar do investimento de anos da vida de uma criança surda na sua oralização, ela somente é capaz de captar, através da leitura labial, cerca de 20% da mensagem e, além disso, sua produção oral, normalmente, não é compreendida por pessoas que não convivem com ela (pessoas que não estão habituadas a escutar a pessoa surda).

Esses dados científicos demonstram que a preocupação de mais de um século de educação oralista foi a de produzir cidadãos pseudo-ouvintes, uma vez que a sua condição de Surdos jamais foi assumida e eles também nunca se tornariam ouvintes. Ao colocar o domínio da fala como o centro das preocupações pedagógicas, produziu-se uma geração de pessoas sem identidade própria,

---

[3] Mais informações no *site*: <http://www.feneis.com.br>.

sem acesso à linguagem e ao conhecimento e, consequentemente, sem um posicionamento social, ideológico e cultural definido (Fernandes, 2003).

Diante desse quadro de fracasso generalizado, pais, professores e – pela primeira vez – as pessoas Surdas passaram a pressionar o Poder Público para fazer valer os seus direitos à diferença.

A Feneis é uma entidade filantrópica sem fins lucrativos, com finalidade sociocultural, assistencial e educacional, que tem por objetivo a defesa e a luta dos direitos da Comunidade Surda Brasileira.

Destacamos essa instituição em razão de que, em maio de 1987, ela destituiu a entidade anterior, a Federação Nacional de Educação e Integração dos Deficientes Auditivos (Feneida), que tinha sua diretoria composta apenas por pessoas ouvintes.

Outra data representativa da articulação política do grupo é o **dia nacional do Surdo**, comemorado em todo o Brasil em 26 de setembro. É uma atividade que mobiliza vários setores sociais, com destaque às associações de Surdos, às escolas e aos grupos religiosos, a fim de manifestar publicamente aspectos socioculturais da comunidade surda, bem como relembrar lutas históricas e propor novos projetos e ações, visando à igualdade de condições nos direitos sociais básicos.

Selecionamos, a seguir, alguns dos fundamentos legais que asseguram as conquistas alcançadas nesse período:

» **Lei nº 10.098, de 19 de dezembro de 2000 (Lei de Acessibilidade)** – Promove a acessibilidade nos sistemas de comunicação e sinalização nos diferentes segmentos sociais (Brasil, 2000).

» **Resolução CEB/CNE nº 2, de 11 de setembro de 2001** – Institui diretrizes nacionais para a educação especial na educação básica e assegura a educação bilíngue e os profissionais intérpretes, entre outros (Brasil, 2001).

» **Lei nº 10.436, de 24 de abril de 2002** – Oficializa a Língua Brasileira de Sinais – Libras (Brasil, 2002).

» **Portaria nº 3.284, de 7 de novembro de 2003** – Dispõe sobre a acessibilidade dos Surdos às universidades brasileiras (Brasil, 2003b).

» **Decreto nº 5.626, de 22 de dezembro de 2005** – Dispõe sobre a Libras (Brasil, 2005).

Diante desses movimentos e diretrizes legais, as principais mudanças sociais e no território escolar foram as seguintes:

» a difusão da língua de sinais na sociedade e sua utilização no espaço escolar;

» a disseminação de pesquisas e trabalhos acadêmicos que problematizam os postulados teóricos e metodológicos vigentes nos últimos anos e viabilizam caminhos para a concretização da educação bilíngue;

» a formação de profissionais bilíngues, como professores especializados e intérpretes de língua de sinais;

» o desenvolvimento de propostas de educação bilíngue, incorporando a língua de sinais como primeira língua, seguida

da aprendizagem da língua portuguesa como segunda língua no currículo escolar;
» a potencialização do aspecto pedagógico em detrimento do aspecto clínico no processo educacional;
» o resgate dos educadores Surdos como mediadores fundamentais em propostas de educação bilíngue para Surdos.

Contudo, como parte do movimento histórico peculiar no campo educacional, ainda que os princípios da educação bilíngue sejam progressivamente assimilados pelos profissionais, persistem crenças e práticas oralistas.

Assim, ao mesmo tempo em que o discurso em defesa da educação bilíngue para Surdos é veiculado em políticas públicas e por educadores, a prática, de forma contraditória, retrata uma realidade bastante distante do discurso que se defende.

Com o movimento de inclusão educacional, por exemplo, percebemos que há um total desconhecimento sobre a singularidade linguística dos alunos Surdos por parte dos professores do ensino regular.

A concepção predominante no imaginário de pais e educadores é a de que os Surdos são seres deficientes e incapazes, por não utilizarem a comunicação oral da maioria. Persiste a necessidade da formação continuada dos professores, contemplando discussões sobre as mudanças atitudinais, teóricas e metodológicas implicadas na educação bilíngue para Surdos no contexto escolar. Esse será o assunto que trataremos no próximo capítulo.

Síntese

Este capítulo apresentou um panorama geral dos movimentos sociais empreendidos pelos Surdos no mundo todo para o fortalecimento de aspectos representativos de suas experiências de vida, como é o caso da cultura visual e da língua de sinais. Trouxemos aqui um breve relato histórico da formação das primeiras comunidades surdas, do período de formação das cidades até o final da Idade Média. Destacamos também o surgimento do movimento surdo, que se uniu aos demais grupos minoritários que eclodiram no mundo todo após a Segunda Guerra Mundial para defender e lutar por seus direitos. No Brasil, a organização política dos Surdos se ambienta na década de 1980, com a criação da Feneis e com apoio de pais e educadores, de modo a assegurar avanços à sua cidadania e à sua condição de minoria linguística. Entre as conquistas mais importantes daquele período estão a oficialização da Libras em território nacional e as primeiras experiências de educação bilíngue nas escolas.

Indicações culturais

Sites

DHNET. **Os direitos das minorias étnicas**. Disponível em: <http://www.dhnet.org.br/direitos/militantes/lucianomaia/lmaia_minorias.html>. Acesso em: 22 jun. 2011.

Nesse site *há um interessante artigo sobre os direitos das minorias étnicas.*

EDITORA ARARA AZUL. Centro Virtual de Cultura Surda. Disponível em: <http://www.editora-arara-azul.com.br>. Acesso em: 22 jun. 2011.

Nesse site *você poderá conhecer clássicos da literatura em Libras, dicionários, livros* on-line *e outras produções interessantes dedicadas à cultura e à diversidade das pessoas Surdas.*

FENEIS – Federação Nacional de Educação e Integração dos Surdos. Disponível em: <http://www.feneis.com.br>. Acesso em: 22 jun. 2011.

Nesse site *você conhecerá a organização da entidade nacional que representa e defende os direitos da comunidade surda brasileira.*

LIBRAS É LEGAL. Disponível em: <http://www.libraselegal.com.br>. Acesso em: 22 jun. 2011.

Esse site *poderá auxiliá-lo(a) no conhecimento sobre os materiais para divulgação e valorização da Libras e na compreensão da questão do reconhecimento dos direitos linguísticos das pessoas Surdas.*

NEPES. Núcleo de Estudos e Pesquisas em Educação de Surdos. Disponível em: <http://www.sj.cefetsc.edu.br/~nepes/nepes_historico.htm>. Acesso em: 22 jun. 2011.

Nesse site você poderá ter acesso a produções científicas, materiais didáticos, teses e revistas sobre a comunidade surda.

Atividades de autoavaliação

1. Assinale as seguintes proposições como verdadeiras (V) ou falsas (F):
   ( ) A língua de sinais tem sua origem no final da Idade Média.
   ( ) O único país que contraria as decisões do Congresso de Milão é a França.
   ( ) Laurent Clerc foi o primeiro professor Surdo famoso na história.
   ( ) Gallaudet é a instituição educacional mais importante nos EUA.

2. Em relação ao movimento surdo, assinale a alternativa **incorreta**:
   a) Questiona a oposição normalidade ouvinte/deficiência surda.
   b) Objetiva a participação dos Surdos nos debates e nas decisões que lhes dizem respeito.
   c) Faz distinções baseadas nos graus de perda auditiva para aceitar seus membros Surdos.
   d) Lutam para que os Surdos sejam reconhecidos como "diferentes" e não como "deficientes".

3. Leia o enunciado e responda verdadeiro (V) ou falso (F):

   Behares (citado por Sánchez, 1990) afirma que, diferente de outros grupos, os Surdos se constitutem em comunidades de experiência. Verifique se o trecho a seguir exemplifica o conceito definido pelo autor:

   Os Surdos, enquanto povo surdo, têm necessidade da identidade cultural que identifica a diferença. "Povo surdo" representa as comunidades surdas que transcendem questões geográficas e linguísticas. Os Surdos que celebram uma língua visual-espacial por meio do encontro surdo-surdo. (Perlin; Quadros, 2006, p. 181)

4. Considerando os fatores científicos que favoreceram o reconhecimento dos Surdos como um grupo cultural, assinale a alternativa correta:

   a) A revolta da população pós-Segunda Guerra Mundial.

   b) O reconhecimento de que os filhos de pais Surdos adquirem a Libras como língua materna.

   c) Os estudos de Stokoe sobre a organização da língua de sinais americana.

   d) As novas tecnologias para o tratamento da surdez, como o implante coclear.

5. Os Surdos são reconhecidos como uma minoria linguística porque:

   a) a língua de sinais é inferior à língua portuguesa.

b) apenas pequena parte deles utiliza a língua de sinais.

c) utilizam para comunicação uma língua diferente daquela adotada oficialmente no país.

d) Nenhuma das alternativas anteriores está correta.

Atividades de aprendizagem

Questões para reflexão

1. Os movimentos sociais de Surdos ganharam força na década de 1980, no mundo todo. Um dos eventos mais importantes nessa década foi a greve realizada pelos estudantes da Universidade Gallaudet para reivindicar que, pela primeira vez na história da instituição, um reitor Surdo fosse nomeado. Pesquise o acontecimento e identifique que mudanças se sucederam a esse importante marco histórico nos movimentos surdos mundiais.

2. Faça uma pesquisa sobre o tema "identidades surdas", desenvolvido no Brasil pela doutora em Educação Gladis Perlin (1998), da Universidade Federal de Santa Catarina (UFSC), e sintetize as características atribuídas pela autora a cada uma das identidades destacadas:
   » Identidades surdas.
   » Identidades híbridas.
   » Identidades flutuantes.
   » Identidades de transição.

Atividade aplicada: prática

Nelson Pimenta é um ator Surdo brasileiro famoso pela promoção das produções artísticas e culturais da comunidade surda brasileira. Utilize a internet e pesquise artigos, entrevistas e outras notícias relacionadas a essa importante personalidade dos movimentos surdos brasileiros e verifique com qual das identidades surdas, descritas por Gladis Perlin (1998), Nelson Pimenta mais se identifica.

Surdez e linguagens

Para que possamos iniciar esse novo bloco de discussões, convidamos o leitor a relembrar situações em que esteve envolvido com pessoas Surdas. Se você fosse desafiado a indicar quais as características que "denunciam" a surdez, faria isso com facilidade? Provavelmente, não.

Isso se dá porque a surdez não acarreta marcas físicas, facilmente identificáveis, mas se evidencia plenamente quando nos detemos a perceber detalhadamente o comportamento pessoal e o relacionamento social da pessoa. Obviamente, esse é um critério muito subjetivo, já que cada indivíduo possui características muito próprias.

A relação entre fatores sociais e individuais é que nos constitui pessoas singulares. Assim, de acordo com Fernandes (2006b, p. 2), "o lugar onde nascemos, as pessoas com quem nos relacionamos, as oportunidades que tivemos, a educação que recebemos, enfim, o amplo conjunto de experiências socioculturais que vivemos ao longo da vida" são elementos que determinam nossa singularidade.

Para Fernandes (2006b, p. 2), se isso é óbvio,

ao nos relacionarmos com uma pessoa Surda, devemos nos lembrar que sua perda auditiva é apenas um aspecto de sua subjetividade. Há muitos outros que só serão conhecidos se nos dermos a oportunidade de vê-la como um ser humano global, que externaliza conhecimentos que acumulou ao longo de sua existência.

Sendo assim, não há informações definitivas sobre como ensinar alunos Surdos e se relacionar com eles. É necessário dizer o óbvio, pois o discurso da inclusão disseminou a ideia errônea de que pessoas com necessidades educacionais pertencem a categorias que podem ser classificadas e logicamente definidas em um conjunto de características comuns.

Essa é a consequência mais nociva da inclusão ao aluno Surdo: tomar a deficiência na audição como fator central nas relações que serão estabelecidas no contexto escolar e esquecer a pessoa, o sujeito singular que ali está. Nunca é demais relembrar que as reflexões e a tomada de decisão do professor a respeito das práticas mais adequadas a serem utilizadas com seu aluno serão dependentes do sujeito concreto que ele tem diante de si, bem como as considerações sobre sua história de vida.

Definida pela medicina e por ciências da saúde correlatas, a surdez é um quadro orgânico que acarreta perdas auditivas, parciais ou totais, refletindo-se principalmente no desenvolvimento da linguagem oral. No senso comum, é usual a interpretação equivocada de que todas as outras formas de linguagem serão prejudicadas.

Isso se dá porque a maioria das pessoas se comunica por meio da oralidade, e não faz ideia de que a linguagem é comunicação simbólica (ou seja, acontece por meio de signos que representam a realidade) e se realiza por inúmeros meios: desenhos, gestos, escrita, sons, ícones, cores e, no caso dos Surdos, sinais.

Muitos ignoram o fato de que, se apenas a linguagem oral for utilizada, não haverá interação nem acesso ao conhecimento pela criança Surda, sendo que as relações sociais e de aprendizagem ocorridas em sala de aula e demais contextos da escola ficarão comprometidas, gerando barreiras em seu processo educacional (Fernandes, 2003). De acordo com essa autora, crianças com *surdez leve ou moderada, via de regra, comunicam-se utilizando a linguagem oral e desenvolvem relativo domínio do português. No entanto, a perda auditiva pode impedir a perfeita percepção dos fonemas das palavras, podendo causar problemas na compreensão do que é dito. Em última análise, essa dificuldade poderá se refletir na escrita, ocasionando problemas no processo de alfabetização/letramento.* (Fernandes, 2003, p. 3)

Geralmente, a natureza das dificuldades, na linguagem oral, requer um atendimento fonoaudiológico, já que pressupõe um trabalho terapêutico de correção nos aspectos fonoarticulatórios envolvidos na fala.

Caso ocorram problemas na escrita, em consequência das dificuldades na linguagem oral, essas crianças podem receber atendimento educacional especializado no contraturno, desenvolvido em sala de recursos, com estratégias semelhantes às dos demais alunos que apresentam dificuldade em seu processo de alfabetização.

Já as crianças com surdez severa ou profunda demandam atenção mais específica no contexto escolar devido às suas necessidades linguísticas diferenciadas, pois, na maioria dos casos, não se apropriam da linguagem oral e se comunicam utilizando, predominantemente, sistemas visuais de comunicação.

Há uma crença equivocada na sociedade de que todos os Surdos podem fazer a leitura labial com facilidade e, assim, muitos falam com eles acreditando que estão entendendo o que é dito.

No entanto, a leitura labial é possibilitada pela visualização da expressão fisionômica e pela percepção dos fonemas pronunciados pela pessoa que fala, estando envolvidas nessa aprendizagem habilidades perceptivas e de memória visual para quem as realiza.

Ainda que essas crianças tenham recebido atendimento fonoaudiológico, voltado à reabilitação da linguagem oral, dificilmente terão possibilidades de acompanhar as aulas por meio dessa forma de comunicação, por ser esta uma estratégia ineficaz para a comunicação e o acesso ao conhecimento escolar. Mesmo entre os Surdos "treinados" para o domínio dessa técnica, esse não é um meio confiável para a plena compreensão na conversação.

Isso ocorre porque, na melhor das hipóteses, 50% da mensagem estará comprometida pela dificuldade da percepção visual de fonemas articulados no interior da cavidade bucal (/k/, /g/, /R/, /lh/, /nh/...), além da rapidez do fluxo da fala. Assim, uma estratégia utilizada pelos Surdos é a dedução do conteúdo, aliando elementos não verbais – como as expressões faciais e o contexto comunicativo – para "adivinhar" o que ficou "obscuro" na leitura.

Ainda devemos ressaltar que a presença de outros elementos que prejudicam a tarefa da leitura labial, como movimentações paralelas e as características dos lábios de quem fala – presença de bigodes, lábios imperfeitos, trejeitos articulatórios, mobilidade labial –, que tiram a atenção da pessoa Surda.

Ler lábios, portanto, é uma tarefa extremamente cansativa, que pressupõe esforço e atenção redobrados. "Seria uma postura excessivamente otimista acreditar que uma criança, na faixa etária entre 7 e 14 anos, permaneceria 100% do tempo que passa na escola atenta aos lábios dos professores para ter acesso ao conhecimento científico veiculado pela escola" (Fernandes, 2003, p. 4-5).

Essa orientação metodológica norteou as práticas de integração de alunos Surdos em tempos em que a metodologia oralista predominava e os sinais eram proibidos e em muito pouco promoveu a escolarização e a inclusão social dos alunos Surdos, como discutido anteriormente nos aspectos históricos.

A superação desse mito coloca em seu lugar a necessidade de adoção de práticas alternativas para a apropriação do conhecimento pelos alunos Surdos, mais baseadas em experiências visuais que em experiências auditivas. Se há pouca ou nenhuma audição, a visão será o sentido mais importante para a criança em seu processo de aprendizagem.

É comum que pessoas surdas utilizem duas estratégias, isoladamente ou de forma combinada, na comunicação:

» a **linguagem gestual**, que se desenvolve sem dificuldade, mesmo isolada do contato com outros Surdos, por meio da qual interagem relativamente bem em situações cotidianas mais simples;

» a **língua de sinais**, que potencializa suas possibilidades de representação e de interação social, cuja aquisição é dependente do contato com outros Surdos sinalizadores para sua apropriação.

Portanto, há que se ter claro que, como qualquer sistema linguístico, a apropriação dessas formas de linguagem ocorrerá espontaneamente, ou seja, em contextos de interação verbal significativos entre crianças e adultos Surdos que a utilizam como forma de comunicação. De acordo com Fernandes (2003, p. 6),

> *Daí decorre uma importante implicação pedagógica no processo educacional de alunos Surdos, já que, além dos professores especializados bilíngues, haverá a necessidade de interação, desde a educação infantil, com educadores Surdos usuários nativos da língua de sinais, para assegurar a identificação linguístico-cultural das crianças com seus pares.*

Do ponto de vista cognitivo, a língua de sinais será o sistema simbólico privilegiado para o desenvolvimento da linguagem pelo fato de sua modalidade visual-espacial não oferecer barreiras à aprendizagem desde a infância; assim, "sua produção é realizada através de signos gestuais e espaciais e sua percepção é realizada por meio de processos visuais" (Fernandes, 2003, p. 5).

Essa língua visual oferecerá aos Surdos os mesmos elementos simbólicos da linguagem oral para quem ouve, necessários ao desenvolvimento das funções psíquicas superiores, como a memória, o raciocínio lógico, a formação e a generalização de conceitos, entre outros. Ignorando essa condição, a criança estará privada do acesso ao poder de representação que a linguagem verbal oferece e poderá ter prejuízos em seu desenvolvimento cognitivo.

Passemos agora a conhecer alguns dos elementos componentes das línguas de sinais.

3.1 Aspectos linguísticos e culturais da Língua Brasileira de Sinais (Libras)[1]

Como pode haver uma língua sem sons? Movimentos desenhados no ar pelas mãos podem expressar conceitos abstratos? Palavras devem ser soletradas com o alfabeto manual? Essas são algumas das perguntas que nos fazemos quando nos defrontamos com a língua de sinais dos Surdos.

Infelizmente, a grande maioria das pessoas desconhece que esse conjunto de "gestos desenhados no ar" estrutura uma língua organizada, que se presta às mesmas funções das línguas orais para as pessoas que ouvem.

> Mas o que caracteriza essa língua? Qual a sua história? De onde ela surgiu?

A língua de sinais é tão antiga quanto a humanidade. Nos relatos históricos sobre a existência de Surdos, desde a Antiguidade se faz sempre menção à forma "diferente" de comunicação que era utilizada. No entanto, vimos que apenas recentemente a linguística da língua de sinais passou a ser uma área de estudo em expansão.

---

[1] Seção organizada com base em Fernandes (2006a).

A Libras é a sigla utilizada para designar a língua brasileira de sinais, já que cada país tem sua própria língua, que expressa os elementos culturais daquela comunidade de Surdos. É utilizada pelas Comunidades Surdas Brasileiras, principalmente dos centros urbanos, pois muitas vezes os Surdos que vivem em localidades distantes e em zonas rurais acabam por desconhecê-la e, assim, acabam por desenvolver um sistema gestual próprio de comunicação, restrito às situações e às vivências cotidianas. Há, também, alguns Surdos que vivem nas grandes cidades que desconhecem a língua de sinais por inúmeros fatores: a não aceitação pela família, a falta de contato com outros Surdos que a utilizem, a opção metodológica da escola em que foi educado, entre outros aspectos.

Essa língua foi oficializada em território nacional pela Lei Federal nº 10.436, de 24 de abril de 2002, regulamentada em 22 de dezembro de 2005 pelo Decreto Federal nº 5.626, de 22 de dezembro de 2005. A regulamentação trouxe avanços para a cidadania bilíngue das pessoas Surdas, visto que ampliou os domínios da língua de sinais para diferentes segmentos sociais. Torná-la componente curricular obrigatório nos cursos de formação de professores, em nível médio e superior, e de Fonoaudiologia é o mais importante, pois prepara o futuro educador para a reflexão sobre formas alternativas de comunicação e de interação como requisito de acesso aos conteúdos acadêmicos.

No Brasil, os primeiros estudos formais sobre a Libras datam da década de 1980. Nesses poucos anos de pesquisas, há uma significativa produção acadêmica e literária que nos aponta a complexidade estrutural e funcional dessa língua (Oviedo, 1998).

A Libras é uma língua de modalidade visual-espacial que, diferentemente das línguas orais-auditivas, utiliza-se da visão para sua apropriação e de elementos corporais e faciais, organizados em movimentos no espaço, para constituir unidades de sentido: as palavras ou, como se referem os Surdos, os "sinais".

Os sinais podem representar qualquer dado da realidade social, não se reduzindo a um simples sistema de gestos naturais, ou mímica, como pensa a maioria das pessoas. Aliás, esse é o principal mito em relação à língua de sinais, pois, por utilizar as mãos e o corpo na comunicação, costuma-se compará-la à linguagem gestual contextual e restrita a referentes concretos, palpáveis, transparentes, que têm seu significado facilmente apreendido por quem os observa.

Com base nesses argumentos, a teoria linguística e os estudos realizados no Brasil sobre as línguas dos Surdos apoiam o uso do substantivo *língua* e a expressão *de sinais* para designar, em nossa língua, os sistemas visuais-espaciais de comunicação dos Surdos (Oviedo, 1998). Desse modo, não são gestos ou linguagem gestual o que os Surdos realizam, mas a Libras.

Segundo Oviedo (1998), isso ocorre porque a comunicação gestual está relacionada etimologicamente à ideia de expressar certos significados com o rosto, as mãos e o corpo – o que poderia ser aplicável às línguas de sinais dos Surdos. Entretanto, em seu sentido mais moderno e usual, "gestos" se referem ao conjunto de expressões não linguísticas que acompanham a fala, como forma de apoio ao que foi dito, e que não se configuram como um código produtivo, ou seja, carecem da possibilidade de construir significados complexos.

Assim, entendemos que a utilização da linguagem gestual se estende a todos os grupos humanos e não se refere ao complexo sistema linguístico utilizado pelos Surdos na comunicação que configura, de fato, uma língua.

Na verdade, o léxico (ou vocabulário) da língua de sinais é formado por palavras que mantêm uma relação totalmente arbitrária com o dado da realidade a que se refere, tal como se dá com as palavras das línguas orais. O que ocorre é que, dada a sua modalidade visual-espacial, há uma tendência em se buscar relação com aspectos da realidade para constituir seu sistema de representação, o que faz com que haja motivação icônica em alguns sinais. É o caso, por exemplo, de verbos como *nadar, dirigir, cozinhar*, e de substantivos como *borboleta, casa, árvore*, que guardam alguma relação de verossimilhança.

No entanto, mesmo que tentemos "adivinhar" seu conteúdo, bastam 10 minutos de conversa com um grupo de Surdos para nos sentirmos completamente "estrangeiros" em meio ao inesgotável universo de signos que povoam sua interação e nos deixam à mercê de qualquer tentativa de dedução lógica sobre o que seria o objeto da discussão.

Como um sistema linguístico autônomo, as regras de organização gramatical da Libras diferem completamente das regras da língua portuguesa. A língua de sinais apresenta complexidade estrutural (organização em todos os níveis gramaticais: fonológico, morfossintático, semântico e pragmático) e se presta às mesmas funções das línguas orais.

Os princípios básicos de organização de um sinal, segundo Karnopp e Quadros (2004), são:

» Configuração da mão (CM) – Forma que a mão assume na representação de um sinal.
» Locação da mão (L) – Posição da mão no espaço de sinalização.
» Movimento da mão (M).
» Orientação da mão (OM)– Direcionamento da mão no espaço.
» Expressões não manuais (faciais e corporais).

Figura 3.1 – Parâmetros principais da Libras

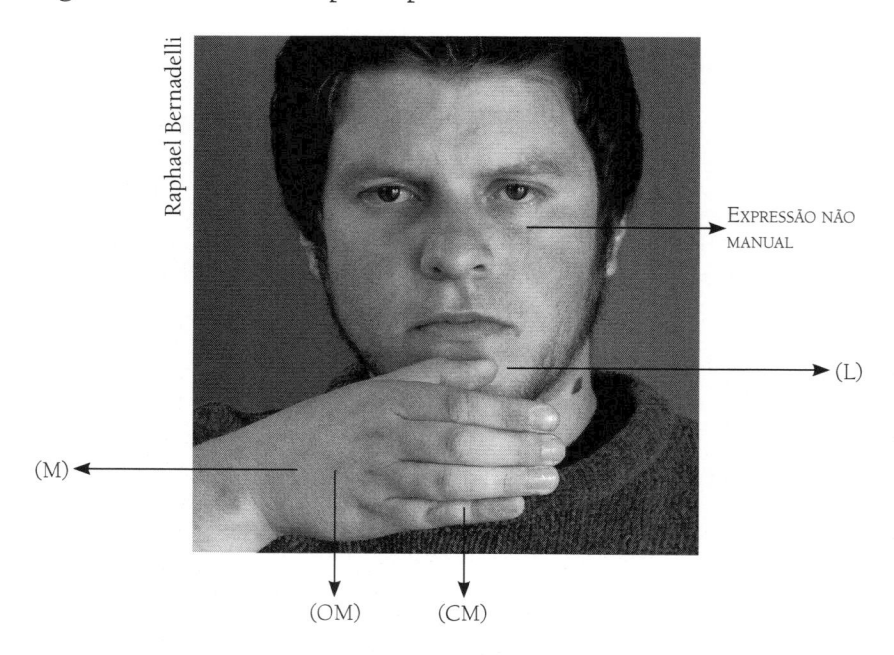

A ordem dos constituintes na oração, a chamada *sintaxe*, em nada lembra a lógica da língua portuguesa. Essa é a principal dificuldade de aprendizes não Surdos ao estudar a Libras, pois sua tendência é pensar na ordem das palavras no português e sinalizar a partir dessa estrutura, produzindo o que se denomina *português sinalizado* – algo parecido com o "portunhol", para exemplificar.

Do mesmo modo, é comum se ouvirem afirmações de aprendizes da língua de sinais quanto à inexistência de marcação de tempo nas formas verbais ou de flexão de número e gênero. Esse equívoco se dá pela tendência em buscar esses elementos incorporados ao sinal. Na Libras, esses aspectos são marcados discursivamente em mecanismos espaciais, e não morfossintaticamente, tal como ocorre em português. Por exemplo, em um enunciado que envolve o verbo *olhar*, a orientação da mão será a responsável por indicar o sujeito e o objeto da oração. Isso significa que não há dependência estrutural entre a língua de sinais de um país e sua língua oral.

Enfim, há uma riqueza de elementos na Libras, baseados na cultura visual dos Surdos, que nos oferecem um amplo universo de possibilidades de representar o mundo, encadeando as palavras, não de forma linear e sequencial como estamos acostumados na comunicação oral e também na escrita, mas de modo simultâneo e multidimensional.

Toda essa riqueza cultural – que, infelizmente, ainda é desconhecida pela maioria das pessoas – contribui para a compreensão da visão das pessoas Surdas como integrantes de uma minoria linguística, tal como ocorre com comunidades indígenas e de imigrantes.

Mesmo sendo plena de forma e conteúdo, a Libras não possibilita aos seus usuários a condição de monolíngues. Quando isso acontece, torna-se um dos principais aspectos da marginalização social dos Surdos, justamente porque a língua portuguesa, por ser a língua oficial, domina os veículos mais importantes para o acesso ao conhecimento. Por meio dela, são transmitidas informações, são redigidos documentos oficiais, a arte, a poesia e o entretenimento são registrados e, acima de tudo, é ela o elemento mediador fundamental para o acesso ao conhecimento científico.

Assim, em muitos casos, os Surdos que não tiveram a oportunidade de aprender o português escrito restringem enormemente seus círculos sociais e o acesso aos bens culturais produzidos pela humanidade. Decorrente dessa situação, reduzem seus círculos de interação, geralmente formados pelos pares usuários da Libras, o que acaba contribuindo para a formação de comunidades surdas, equivocadamente denominadas de *guetos*.

Loïc Wacquant (2004), professor de Sociologia na Universidade da Califórnia (Berkeley), afirma em um de seus artigos que uma das características da formação de um gueto é o confinamento espacial de um grupo em determinada área, de tal modo que sua estrutura organizacional permita a vida independente, ou seja, permita ao grupo que se isola se reproduzir dentro do perímetro estabelecido.

Um segundo aspecto implicado seria o de que a formação do gueto ocorre por imposição externa, decorrente de determinações econômicas (por exemplo, quando um grupo étnico-cultural é segregado para ser explorado), como também por relações de poder assimétricas marcadas pela estigmatização de um grupo politicamente minoritário (tal como ocorreu, por exemplo, com os campos de extermínio dos judeus implementado pela Alemanha nazista).

Fazemos esse breve parêntese para asseverar que não há o perigo da formação de "guetos" entre os Surdos pelo fato de usarem sua língua, a menos que a segregação seja a perspectiva política da nação. Ainda que a língua de sinais seja cada vez mais difundida e utilizada, não se tem notícia da existência de nenhuma "surdolândia", em que convivam autonomamente comunidades surdas geograficamente isoladas.

O esforço social em difundir a língua de sinais como mais uma das inúmeras línguas que compõem a diversidade linguística do povo brasileiro e em adotar políticas linguísticas que contemplem a situação de bilinguismo nos diferentes segmentos sociais é o que fará dos Surdos cidadãos brasileiros.

Decorrente dessa visão e da necessidade de compartilhar os mesmos conhecimentos e bens sociais produzidos historicamente pela humanidade, é fundamental que os Surdos, como parte de uma minoria linguística, apropriem-se, além da língua de sinais, da língua portuguesa para ampliar suas relações interculturais e sociais.

Por serem cidadãos brasileiros, sua inclusão social depende do respeito à sua singularidade linguística, manifestada pelo uso irrestrito da língua de sinais e pela organização das diferentes instâncias sociais, com destaque à escola, para possibilitar-lhes o aprendizado da língua portuguesa.

Essa situação sociolinguística peculiar impõe a necessidade de um redimensionamento das diretrizes curriculares e sua materialização nos projetos político-pedagógicos das escolas, efetivando-se, para os Surdos, um processo de educação bilíngue.

3.2 A família e o desenvolvimento da linguagem

De maneira geral, as pesquisas de aquisição e de desenvolvimento da linguagem consideram em seus estudos apenas o percurso do aprendizado realizado por crianças ouvintes ao aprenderem línguas orais. Nessa perspectiva, é usual as fases de uma trajetória verbal – que se inicia com choro, vocalizações e balbucios até a emissão das primeiras palavras – serem identificadas como comuns e quase "universais" em crianças de qualquer etnia e cultura.

Quando se trata de comparar esse percurso seguido por crianças ouvintes ao processo vivido por bebês Surdos, são comuns as afirmações de que seu desenvolvimento é semelhante até aproximadamente os seis meses de idade, quando se inicia o balbucio silábico, resultante da repetição de sons que são ouvidos pelas crianças em seu ambiente linguístico. Ou seja, o balbucio silábico é uma fase que requer não apenas sensações auditivas, mas já um refinamento da percepção sonora do ambiente ao selecionar consoantes e vogais próprias do sistema fonológico de sua língua materna e combiná-las em sílabas repetidas ("dada", "gugu", "papa").

Os resultados das investigações psicolinguísticas nas últimas décadas demonstram que essa análise comparativa só pode ser realizada se forem considerados os contextos linguísticos em que vivem as crianças Surdas. Portanto, o ambiente familiar cumpre papel essencial nos processos linguísticos das crianças, em razão de que possibilitam as primeiras interações comunicativas como base às futuras operações simbólicas e à interiorização de significados compartilhados socialmente.

Ter em mente que os ambientes linguísticos em que as crianças Surdas se desenvolvem são muito variados e acarretam experiências linguísticas muito diferentes é tarefa fundamental para uma análise do desenvolvimento da linguagem delas. As crianças Surdas, filhas de pais Surdos, devido ao ambiente linguístico adequado, em que circula uma língua que não oferece barreiras ao seu aprendizado e à sua interação, adquirem de forma espontânea a língua de sinais, de modo semelhante ao que acontece entre as crianças ouvintes e a linguagem oral falada em sua família.

A seguir, abordamos os estágios de produção linguística manifestados por crianças Surdas imersas em ambientes em que a sinalização se faz presente como língua materna, identificados por Petitto e Marantette, citados por Quadros (1997), em consonância com as pesquisas desenvolvidas com a Libras (Karnopp, 1999; Quadros, 1997).

3.2.1 Período pré-linguístico

A primeira fase da vida de uma criança se caracteriza pela emissão de ruídos, como o choro, e de gritos relacionados aos estados orgânicos pelos quais ela passa – sensação de mal-estar e de bem-estar – e com os quais ela exprime suas necessidades e emoções. Progressivamente, a quantidade de gritos diminui assim que aparecem as emissões sonoras que constituem o balbucio.

O balbucio, normalmente, é caracterizado como o período em que a criança "brinca" com os sons, sentindo prazer em desfrutar o funcionamento dos seus órgãos fonoarticulatórios. Ocorre por volta dos 2 meses de idade, quando ela começa a usar os sons vocálicos e consonantais e os chamados *ruídos glóticos* ("angu" etc.).

Essa fase se manifesta em todos os bebês, sejam estes Surdos ou ouvintes. Ocorre que, em bebês Surdos, além do balbucio comum, foi detectado também um outro tipo de balbucio: o manual.

O balbucio manual se apresenta sob duas formas: o balbucio silábico e a gesticulação. O balbucio silábico se caracteriza por combinações que fazem parte do sistema fonético das línguas de sinais, ou seja, a combinação de configurações de mão e movimentos no ar. A gesticulação, ao contrário, não consta de uma organização interna.

Em dados analisados, foram observadas todas as produções manuais tanto de bebês Surdos como de bebês ouvintes, e ambos contam com dois tipos de balbucio até determinado estágio, após o qual desenvolvem apenas o balbucio da sua modalidade (oral ou sinalizada), a partir dos 5 ou 6 meses. As vocalizações são interrompidas nos bebês Surdos, assim como as produções manuais são interrompidas nos bebês ouvintes, favorecidas pelos estímulos e pelas interações de sua língua materna.

3.2.2 Estágio de um sinal

O estágio de um sinal tem início por volta dos 12 meses e se estende até os 2 anos. A criança Surda começa a nomear as coisas, aprende a unir o sinal ao objeto, produzindo suas primeiras palavras: *papai, mamãe, água, tchau* etc. Assim como as crianças ouvintes que não dominam ainda, nessa fase, o sistema fonológico, trocando ou omitindo letras na emissão das palavras, as crianças Surdas também terão dificuldade para expressar corretamente um sinal se o seu desenvolvimento motor não estiver adequado às exigências visuais-manuais necessárias, ocorrendo erros nos parâmetros de articulação, tais como a troca na configuração de mão ou no ponto de articulação do sinal.

Um aspecto interessante desse estágio se refere ao ato de apontar. As crianças Surdas, nessa idade, assim como as ouvintes, frequentemente apontam para indicar objetos ou pessoas. Como na língua de sinais o sistema pronominal é constituído com base no ato de apontar, quando a criança Surda entra no estágio de um sinal esse uso desaparece, indicando um momento de reorganização básica em que ela começa a constituir o conceito desse recurso como um elemento gramatical da língua.

3.2.3 Estágio das primeiras combinações

As primeiras combinações de sinais surgem por volta dos 2 anos. Os pesquisadores observam que a criança começa a produzir frases de duas palavras, na ordem sujeito-verbo ou verbo-objeto, iniciando as relações gramaticais.

Nesse estágio, as crianças começam a usar o sistema pronominal, porém de forma inconsistente, apresentando erros como as crianças ouvintes que usam, por exemplo, a palavra *ela* para se referir a si mesmas. Além disso, os objetos são nomeados e referidos somente em situações de contexto imediato.

3.2.4 Estágio de múltiplas combinações

Em torno dos 2 anos e meio a 3 anos, as crianças Surdas apresentam a chamada *explosão de vocabulário*. Elas começam a usar formas próprias para diferenciar nomes e verbos, utilizando o sistema pronominal com propriedade.

Tal como as crianças ouvintes que realizam generalizações verbais como *fazi*, *gosti* e *sabo*, as crianças Surdas flexionam verbos cuja flexão não é aceita na língua de sinais, como é o caso de *gostar*, *falar* ou *conhecer*. Por volta dos 5 anos, começam a adquirir o domínio completo da língua de sinais, quando também já produzem frases maiores e mais complexas.

A exposição desses estágios teve a intenção de demonstrar que a língua de sinais preenche as mesmas funções cognitivas que dão suporte ao desenvolvimento linguístico da criança, tal como ocorre com as línguas orais. Isso demonstra que, para o cérebro, não importa se a língua é falada ou sinalizada, pois nos dois casos há a capacidade de representação; sendo assim, a simbolização e a formação de conceitos se mantêm em ambos os casos.

No entanto, uma vez que 90% das crianças Surdas nascem em famílias ouvintes que desconhecem a língua de sinais e interagem exclusivamente pela oralidade com seus filhos Surdos, é muito pequeno o número de Surdos que segue seu desenvolvimento linguístico nos padrões de normalidade.

Esse fato aponta para a necessidade imperiosa de que, na educação infantil, que compreende a faixa etária de 0 a 6 anos, sejam desenvolvidas políticas públicas que possibilitem o acesso o mais rapidamente possível à língua de sinais na infância.

Algumas experiências já realizadas com sucesso em países europeus, como a Espanha e a Suécia, além dos Estados Unidos, demonstram que se a surdez for detectada precocemente e se pais e filhos Surdos estiverem envolvidos com a língua de sinais pela interação com Surdos adultos e em vivências significativas, esse aprendizado será favorecido.

Myrna Salerno Monteiro, pesquisadora Surda pioneira da língua de sinais no Brasil, denuncia em artigo recente (Monteiro, 2006) o fato de que há pouco mais de 15 anos famílias ouvintes escondiam os filhos pela "vergonha" de ter concebido uma criança fora dos padrões considerados normais. Com isso, muitos Surdos não saíam de casa ou só o faziam acompanhados dos pais. Assim como ocorreu com ela, a comunicação na família se dá de modo muito difícil, em razão do desconhecimento e da não aceitação dos pais da língua de sinais. Esse fato conduziu filhos Surdos ao isolamento, gerando sérios problemas de comportamento, como nervosismo, agressividade e crises de identidade.

A falta de comunicação criou gerações de Surdos passivos, conformados com o preconceito e a exclusão. A pesquisadora acredita que muitas conquistas já foram efetivadas, mas que é na família que a transformação deve acontecer. Por isso, deve-se garantir que os Surdos tenham a língua de sinais como língua materna no seio familiar e que, posteriormente, seja oferecido a eles o direito de optar pelo uso da modalidade oral ou apenas escrita da língua portuguesa.

Nesse contexto, se os pais não buscarem aprender a língua de sinais como sistema alternativo para interagir com seus filhos, a criança Surda poderá passar por uma carência verbal – às vezes, total – que irá prejudicar o desenvolvimento normal de seus processos linguísticos, cognitivos, emocionais e sociais.

Há inúmeras formas de se ter acesso à língua de sinais e de colocar os filhos em contato com Surdos adultos para facilitar essa aprendizagem. Isso pode ser realizado das seguintes formas:

» buscando contato com associações de Surdos, pastoral de Surdos, ministérios de Surdos em igrejas evangélicas, ou outras possibilidades;
» procurando informações nas Secretarias de Educação para verificar a oferta de curso de língua de sinais na comunidade;

» conhecendo escolas que trabalham com a língua de sinais, pois estas possuem professores e instrutores Surdos que atuarão como modelos linguísticos e culturais fundamentais para as crianças.

Há, também, muitos materiais didáticos produzidos atualmente que podem auxiliar nesse processo, como você poderá verificar nas indicações culturais deste capítulo.

Por não depender da audição para ser compreendida, é por meio da língua de sinais que as crianças Surdas construirão o elo de interação e o vínculo afetivo familiar, estabelecendo uma comunicação sem barreiras com seus pais ouvintes.

Além disso, pelo contato com outros Surdos, os laços e os sentimentos de identificação com seus pares são fortalecidos. Perlin (1998) e Perlin e Quadros (2006) publicaram alguns trabalhos sobre a questão da falta de referências de elementos produzidos no interior das comunidades surdas, que só serão conhecidos pelas crianças Surdas quando estas se tornam adultas.

Para elas, a falta de contato com os aspectos culturais das pessoas Surdas faz com que as crianças não se reconheçam como diferentes, mas como limitadas, deficientes, sentindo-se divididas entre um mundo de sons e de fala, do qual não se sentem parte, e um mundo de imagens e experiências visuais, que não são explicadas e interpretadas em uma língua que eles possam compreender. Essa língua seria a língua de sinais.

Perlin (1998) afirma que os Surdos têm sua identidade construída na experiência visual, nas trocas com outros Surdos. Eles precisam da vivência familiar, mas também da identificação com outros pares que tenham a mesma percepção de mundo que eles.

Compartilhando esse raciocínio, Sánchez (1993), médico e pesquisador da educação de Surdos, relata que, no momento de informar o diagnóstico de surdez de um filho aos pais, ele costumava oferecer uma explicação muito clara e simples: ter um filho Surdo equivalia a acolher um "estrangeiro" no seio familiar. Para que ele se sentisse acolhido e integrado à família e para que a comunicação não fosse interrompida, seria preciso que os pais se desdobrassem em aprender a língua de sinais assim que fossem informados da surdez da criança. Para Sánchez (1993), essa condição, aliada à possibilidade de contato e de interlocução com Surdos adultos, cria um ambiente linguístico favorável à comunicação e à interação já na infância.

Dessa forma, aprendendo a língua de sinais, os pais ampliam as possibilidades de oferecer informações e conhecimentos às crianças antes mesmo de elas chegarem à escola.

Sabemos que a participação dos pais, por meio do estabelecimento de uma relação de confiança mútua com os filhos Surdos, contribui para a elevação da autoestima destes, bem como para que não se sintam diferentes, rejeitados ou incapazes ao ingressarem em uma escola e iniciarem os primeiros contatos com a leitura e a escrita.

Síntese

Este capítulo teve como objetivo principal oferecer subsídios teóricos para a ampliação do conceito de linguagem para além da fala, abordando relações entre os graus de perda auditiva e suas implicações na comunicação infantil. Empreendemo-nos em demonstrar que, na ausência da audição, há possibilidades alternativas de comunicação simbólica, proporcionadas por sistemas visuais-espaciais de representação, com destaque à Libras. A Libras é a língua das Comunidades Surdas Brasileiras e se apresenta como um sistema linguístico completo em forma e conteúdo, preenchendo, para as crianças Surdas, as mesmas funções cognitivas que as línguas orais para as demais crianças. Se for aprendida precocemente, as crianças Surdas mostram um desenvolvimento linguístico que segue as mesmas etapas das crianças que ouvem, como o balbucio, a primeira palavra, a palavra-frase e o domínio completo das regras gramaticais e de funcionamento da língua, até os 3 anos. Destacamos a importância da família nesse processo, principalmente se os pais forem ouvintes, pois o esforço destes em aprender a Libras assim que for identificada a surdez cria um ambiente seguro em que a criança se sinta acolhida e compreendida, fortalecendo as bases para um desenvolvimento afetivo-emocional na infância.

Indicações culturais

Sites

Recentemente, foi lançado o primeiro dicionário ilustrado trilíngue da Libras, o que, certamente, contribuirá para a divulgação da língua de sinais, bem como para a concretização da educação bilíngue no Brasil. Há, também, dicionários digitais que trazem uma melhor definição dos sinais. Conheça essa e outras obras nos *sites* que seguem como sugestão:

EDUSP – Editora da Universidade de São Paulo. Disponível em: <http://www.edusp.com.br/detlivro.asp?id=715379>. Acesso em: 22 jun. 2011.

FENEIS – Federação Nacional de Educação e Integração de Surdos. Disponível em: <http://www.feneis.org.br/page/dicionarios.asp>. Acesso em: 22 jun. 2011.

LIBRAS – Dicionário da Língua Brasileira de Sinais. Disponível em: <http://www.acessobrasil.org.br/libras/>. Acesso em: 22 jun. 2011.

Atividades de autoavaliação

1. Com relação à comunicação e à linguagem de Surdos, assinale (V) para as proposições verdadeiras ou (F) para as falsas:

( ) As trocas fonéticas na fala e de letras na escrita são características de Surdos profundos.
( ) A leitura labial é o recurso mais importante para a inclusão social do Surdo.
( ) Surdos filhos de pais Surdos têm a Libras como língua materna.
( ) A visão é o sentido mais importante na aprendizagem da Libras.

2. Em relação à Libras, marque a única alternativa **incorreta** para as sentenças que seguem:
   a) Possui modalidade visual-espacial, ou seja, é produzida no espaço e percebida visualmente.
   b) Equivale à linguagem gestual, pois representa conceitos concretos, de forma transparente.
   c) Possui variações dentro de um mesmo país e de um país para outro.
   d) Possui uma estrutura gramatical diferente da língua portuguesa.

3. Leia o enunciado a seguir e indique se essa proposição é verdadeira (V) ou falsa (F):
   A análise do sociólogo Loïc Wacquant sobre a guetização dos Surdos, apresentada neste capítulo, é a seguinte: a difusão da

Libras em todo o país, a defesa de seu uso pelos Surdos e a discriminação da sociedade podem estimular a formação de guetos pelos Surdos, pois contribuem para a comunicação e o agrupamento dos Surdos entre si.

4. Com relação à Libras e à sua gramática, aponte a alternativa **incorreta**:
    a) Foi oficializada por uma Lei e por um Decreto Federal, de 2002 e 2005, respectivamente.
    b) O movimento da mão (M) é a forma que a mão assume ao sinalizar.
    c) Os tempos verbais existem na Libras, mas não estão incorporados ao verbo, como no português.
    d) Deve-se evitar o português sinalizado, isto é, sinalizar na ordem das palavras do português.

5. Assinale a única alternativa **incorreta** sobre o desenvolvimento linguístico de bebês Surdos que nascem em famílias Surdas:
    a) O balbucio é uma etapa que se apresenta apenas na língua oral; na Libras, essa fase é denominada de *gesticulação*.
    b) Contam com a fase inicial do balbucio, de vocalização, por volta de 2 meses.
    c) Por volta de um ano, o ato de apontar desaparece para voltar posteriormente como um pronome na língua (*eu, ela, ele*).
    d) A diferença entre o balbucio silábico vocal e o manual está na modalidade da língua em questão: oral ou visual.

Atividades de aprendizagem

Questões para reflexão

1. Relacione quais seriam as principais diferenças em relação ao desenvolvimento da linguagem (oral e sinalizada) de crianças Surdas com perdas parciais (leves e moderadas) e crianças Surdas com perdas totais.

2. Procure aprofundar as informações sobre as principais causas da surdez pré e pós-linguística e as ações governamentais das áreas de saúde e educação para informar pais e familiares sobre os encaminhamentos necessários, após diagnosticada a surdez.

Atividade aplicada: prática

Consulte o *site* a seguir e acesse o dicionário digital da Língua Brasileira de Sinais (Libras). Conheça alguns sinais e tente reproduzi-los. Após a experiência, reflita sobre as principais diferenças em produzir uma palavra em uma língua oral e em uma língua visual.
LIBRAS – Dicionário da Língua Brasileira de Sinais. Disponível em: <http://www.acessobrasil.org.br/libras/>. Acesso em: 22 jun. 2011.

Educação bilíngue para Surdos: desafios à inclusão[1]

[1] Capítulo baseado em artigo publicado pela autora (Fernandes, 2006a).

Focando-se apenas a situação linguística, a **educação bilíngue para Surdos** pode ser definida como uma proposta educacional que compreende, em sua realização, a utilização de duas línguas na comunicação e no ensino dos Surdos: a Língua Brasileira de Sinais (Libras) e a língua portuguesa.

Como vimos, em uma situação de bilinguismo considerada ideal, as crianças Surdas deveriam aprender primeiro a língua de sinais no ambiente familiar, viabilizando a apropriação da linguagem e a capacidade de simbolização até os 3 anos. Tendo essa base linguística consolidada, processar-se-ia o ensino do português, na escola, aprendido por meio de metodologias voltadas ao ensino de segundas línguas. Esse aprendizado deveria se iniciar já na educação infantil.

No entanto, como essa situação atinge um pequeno número de famílias, quando essas crianças chegam à escola, enfrentam inúmeros problemas em seu processo de alfabetização/letramento, tendo em vista que seu aprendizado da segunda língua – o português – ocorre sem que a maioria dos Surdos tenha tido acesso à linguagem por meio da aquisição da primeira língua – a língua de sinais. Soma-se a isso o fato de que, nas escolas, a escrita é ensinada com base na oralidade, situação que em nada favorece a aprendizagem dos alunos Surdos.

De acordo com Kleiman (1998, p. 268), o ensino da língua oficial do grupo dominante em programas de educação bilíngue destinados a grupos socialmente marginalizados pode se transformar em instrumento de colonização do currículo, se não abrir espaço igualitário para a manifestação e o reconhecimento da identidade linguística e cultural de grupos minoritários.

O direito a ser diferente, sem inferiorizar a condição bilíngue dos Surdos, impõe aos sistemas de ensino o desafio de mudanças em suas estruturas e práticas, geralmente acomodadas às necessidades da maioria, que tem no português a língua oficial e materna.

Em relação à organização escolar, a situação de bilinguismo impõe a mediação de diversos profissionais no atendimento especializado, responsáveis pelas modalidades linguísticas envolvidas, os quais estão descritos a seguir:

» **Professor ou instrutor de Libras** – Profissional, preferencialmente Surdo, com graduação em Letras (Libras ou Letras Libras/Língua Portuguesa) ou com formação em nível médio e/ou superior com certificado de proficiência linguística em Libras emitido pelo Ministério da Educação – MEC (Prolibras).

» **Professor bilíngue** – Professor com fluência em Libras que desenvolverá o ensino do português escrito com base em metodologias de ensino de segunda língua.

» **Profissional intérprete de Libras/língua portuguesa** – Profissional ouvinte que atua na mediação linguística do processo educacional de alunos Surdos matriculados no contexto regular de ensino, com graduação em Tradução e Interpretação em Libras/Língua Portuguesa; ou com formação em nível médio e/ou superior com certificado de proficiência em tradução e interpretação em Libras/Língua Portuguesa (Prolibras) emitido pelo MEC.

» **Fonoaudiólogo bilíngue** – Profissional responsável pelas práticas terapêuticas de ensino do português oral, em turno distinto ao da escolarização, caso seja opção do aluno ou da família essa modalidade de língua. A ação desse profissional depende de políticas de interface entre as áreas de saúde e educação.

Esses profissionais constituem apenas o ponto de partida para a implantação de propostas de educação bilíngue. Do ponto de vista das práticas escolares, exige-se uma constante reflexão sobre os conteúdos, os objetivos, as metodologias e as formas de avaliação em curso na escola e sua adequação às possibilidades das crianças Surdas.

O fundamento de um currículo inclusivo para Surdos repousa na reorganização da situação linguística da escola. Transpor os desafios impostos pela educação bilíngue requer repensar nossas práticas monolíngues (baseadas na língua majoritária, o português) para uma educação linguística diferenciada, que também reconheça e incorpore ao currículo a língua minoritária, a Libras.

Diante disso, as principais mudanças no currículo da escola dizem respeito à garantia da **acessibilidade na comunicação**, oportunizada pela interação e pelo acesso ao conhecimento, pelos alunos Surdos, em língua de sinais e pelo ensino da modalidade escrita do português como segunda língua.

4.1 Quanto à comunicação

É inquestionável que a maioria dos professores, na quase totalidade das escolas, emprega como metodologia a exposição oral e utiliza como recurso material o quadro de giz. Do mesmo modo, as situações de interação entre professores e alunos e entre os próprios alunos são mediadas apenas pela língua oral, desconsiderando-se as dificuldades e o pouco conhecimento dos Surdos em relação a essa forma de comunicação.

Muitas vezes, o professor propõe ordens ou a resolução de problemas que não são compreendidos pelo aluno Surdo, que ignora ou não atinge os objetivos propostos pela tarefa simplesmente por não entender o conteúdo da mensagem veiculada.

A forma mais adequada para estabelecer a comunicação com pessoas Surdas seria por meio da língua de sinais, pela modalidade visual-espacial que privilegia suas potencialidades. No entanto, devido ao desconhecimento dessa forma de comunicação pelos professores e pelos colegas de classe, a oralidade predomina e muitas das informações socializadas em sala de aula não são compartilhadas por alunos Surdos. Isso faz com que eles não tenham acesso aos conteúdos acadêmicos, o que dificulta seu aprendizado e sua produção nas avaliações.

O ambiente bilíngue pressupõe o conhecimento da língua de sinais pelo maior número de pessoas na escola, e não apenas pelo aluno Surdo e seu professor. Nesse ponto, vale lembrar a necessidade de as escolas contarem com instrutores ou professores de Libras, preferencialmente Surdos, com a finalidade de atuar como modelos para a identificação linguístico-cultural das crianças Surdas e ser responsáveis por difundir e ensinar a língua de sinais na escola e na comunidade. Há, nesse sentido, algumas experiências inovadoras de introdução da Libras como disciplina na parte diversificada da matriz curricular, favorecendo sua aprendizagem por todos os alunos.

Por esse processo de educação linguística da comunidade escolar estar em construção, já que demanda uma série de ações a longo prazo, é fundamental que algumas estratégias metodológicas e de organização do ambiente sala de aula, como as apresentadas a seguir, sejam utilizadas para facilitar a interação/comunicação entre todos.

Porém, é bom lembrar que todas essas estratégias não preenchem a função simbólica da língua de sinais, limitando as possibilidades de abstração presentes nos conteúdos científicos veiculados pela escola. As estratégias, apresentadas por Fernandes (2006c) são as seguintes:

» **Alfabeto datilológico ou manual** – É um recurso utilizado para soletrar nomes próprios, realizar empréstimos linguísticos (em função do estreito contato, predominantemente do português), soletrar sinais desconhecidos por aprendizes da Libras e verificar a ortografia de palavras do português, entre outras possibilidades.

- » **Mímica/dramatização** – São estratégias visuais possíveis na comunicação, que podem acompanhar ou enriquecer os conteúdos discutidos em sala de aula; podem ser utilizadas para constituir significados mais relacionados ao contexto imediato.

- » **Desenhos/ilustrações/fotografias** – Auxiliam no esclarecimento de temas abordados em sala ou como pistas na leitura de textos. Toda pista visual pictográfica enriquece o conteúdo e é um recurso que contribui para a memória visual dos alunos.

- » **Recursos tecnológicos (vídeo/TV, retroprojetor, computador, *slides*, entre outros)** – Desde que disponíveis na escola, são instrumentos poderosos para trazer para o contexto de sala de aula temas e conteúdos de ordem mais abstrata. Em relação aos vídeos, especificamente, há um acervo muito variado de temas envolvidos nas diferentes disciplinas. A preferência por filmes legendados facilita a compreensão das imagens pelos Surdos.

- » **Escrita** – Apresenta-se como uma possibilidade de registro visual que nem sempre é lembrada pelos professores de Surdos. Roteiros, esquemas, palavras-chave, indicação de sinonímias, expressões idiomáticas, entre outras formas, podem ser relacionadas ao conteúdo a ser desenvolvido como elementos de apoio em uma exposição oral.

- » **Língua oral/leitura labial** – Repousa, sobre esse recurso um mito entre os professores de que todos os Surdos leem os lábios. Na verdade, uma pequena parcela de alunos Surdos (não mais que 20%, segundo as pesquisas) pode dominar, ainda que precariamente, essa técnica. No entanto, mesmo entre os Surdos treinados exaustivamente para isso, há estudos e pesquisas demonstrando ser a leitura labial um meio ineficaz para a compreensão plena entre os interlocutores. Na melhor das hipóteses, 50% da mensagem estará comprometida pela dificuldade de leitura de fonemas não visíveis para os Surdos e pela rapidez do fluxo da fala, o que dificulta o entendimento do conteúdo, que acaba sendo deduzido pelo contexto, estratégia pouco confiável. Portanto, esse é um mito que deve ser superado.

Com relação à disposição do aluno Surdo em sala de aula, é comum se recomendar que ele seja posicionado nas primeiras carteiras, em frente ao professor. Porém, como a experiência visual é que será desencadeadora das interações e das aprendizagens em sala de aula, ao sentar-se na primeira carteira, o aluno não tem uma visão global da sala de aula e de sua dinâmica interacional, pois fica de costas para os demais alunos. Assim, seria oportuno que, rotineiramente, as carteiras ficassem dispostas em círculo (já que as filas ainda têm a preferência na maioria das escolas) e que o aluno Surdo se sentasse em um local que privilegiasse a visualização da sala toda, facilitando a interação com os colegas.

4.2 Quanto ao aprendizado da modalidade escrita do português como segunda língua[2]

Certamente, com as reflexões que fizemos até aqui, o professor teria elementos suficientes para compreender que, em uma abordagem educacional bilíngue, na qual a língua de sinais se coloca como primeira língua para os Surdos, o ensino e a aprendizagem do português escrito como segunda língua requerem práticas diferenciadas.

Esse aprendizado pelos Surdos pode ser comparado ao de uma língua estrangeira, pois, de modo similar, exigirá ambiente artificial e sistematização por meio de metodologias próprias de ensino.

Muitas das sensações vivenciadas no processo de aquisição de uma língua estrangeira por qualquer pessoa (estranhamento, bloqueio, insegurança etc.) serão reforçadas, no caso dos Surdos, pela presença da limitação auditiva que os impede de se apropriar da língua portuguesa, em situação de imersão, pelo simples contato com seus falantes, tal qual se dá com as demais crianças (Fernandes, 2002).

A impossibilidade de fazer a relação entre oralidade e escrita, processo comum às crianças ouvintes quando chegam à escola, faz com que o português se transforme, para os Surdos, naquilo que pode ser visto. Ou seja, todo o processo de apropriação da

---

2 Para aprofundar o assunto, ver Fernandes (2003, 2006).

língua portuguesa pelos Surdos estará pautado em experiências visuais com a língua, que seriam prioritariamente centradas na leitura. E é justamente nesse aspecto que se encontra a questão mais importante a ser refletida pelos professores: a natureza visual das atividades de leitura e produção escrita a serem desenvolvidas pela escola.

Argumenta Gesueli (2004, p. 40) que a questão problemática que se coloca em relação à aquisição do português escrito pelos Surdos está centrada na ênfase dada pela escola na relação oralidade-escrita, consolidada no grafocentrismo, que favorece uma leitura por meio das lentes de uma cultura letrada.

Essa reflexão nos alerta para o fato de que as maiores dificuldades de incursão no mundo da leitura e da escrita pelos Surdos têm origem metodológica, posto que as práticas escolares, voltadas a crianças que ouvem e falam, priorizam a relação entre oralidade e escrita nesse processo.

Assim, pelo fato de não apresentarem os resultados esperados (por razões óbvias) em se alfabetizar com as mesmas metodologias e no mesmo tempo que as crianças ouvintes (já que esse processo se baseia na oralidade), os Surdos acabam sendo marginalizados pelas particularidades evidenciadas na escrita e pela impossibilidade de atribuírem sentidos aos textos que leem, na lógica solicitada pela escola.

Em trabalho anterior, Fernandes (2004) demonstrou que os Surdos, ao terem a língua de sinais (ou apenas uma linguagem gestual, quando distanciados do contato com outros Surdos) como ponto de partida para suas reflexões linguísticas, produzem uma espécie de "interlíngua", processo peculiar a aprendizes de segunda língua que se caracteriza pela mistura de estruturas e funções entre a língua-base (Libras) e a língua-alvo (português).

Essa singularidade é perfeitamente compreensível por professores de língua estrangeira, acostumados às "misturas" gramaticais realizadas por seus alunos ao se depararem com as inúmeras diferenças estruturais e culturais envolvidas no aprendizado de uma nova língua.

No entanto, esse processo é inteiramente desconhecido pelos professores de língua materna, que trabalham na perspectiva da modalidade oral para a modalidade escrita de uma mesma língua (o português). Há certa tolerância, na fase inicial de apropriação, apenas em relação aos erros decorrentes da influência da oralidade na grafia, quando crianças produzem junturas e segmentações indevidas em seus enunciados, mas apenas isso.

Assim, deve ser entendido que a língua de sinais (língua visual--espacial) será o ponto de partida para o processo de aprendizagem do português escrito (língua gráfico-visual), devendo ser conhecidas as implicações que esse fato traz para o letramento dos Surdos, o que representa uma realidade ainda ignorada pela imensa maioria dos professores.

A língua de sinais tem as mesmas funções que a língua falada para os ouvintes na fase inicial de aprendizagem da escrita. Por meio dela, organiza-se o pensamento, atribuem-se sentidos ao texto escrito e são levantadas hipóteses sobre a leitura.

Como os alunos Surdos não utilizam a oralidade como apoio para a compreensão do funcionamento do português, serão totalmente dispensáveis atividades de análise linguística que tomam elementos menores da escrita, como fonemas e sílabas, para estabelecer relações nesse processo. O ponto de partida das atividades de leitura e de escrita para Surdos deve ser sempre o texto, e a compreensão das unidades de sentido que o compõem será mediada pela língua de sinais (Fernandes, 2006d).

Apoiados nos estudos de Vygotsky (1991) sobre o desenvolvimento da escrita, depreendemos que esta é independente do desenvolvimento da oralidade, já que se constituem em sistemas diversos, em estrutura e funcionamento. A escrita, pelo maior grau de complexidade e de abstração envolvidos em sua organização, requer, para sua compreensão, uma atividade mental intencional e ativa, diferentemente das interações cotidianas na oralidade, ou na língua de sinais, no caso de pessoas Surdas.

Justamente por essa diferença na natureza do aprendizado, exige-se que a mediação do professor no processo de aprendizagem da escrita pela criança seja intensa e sistematizadora, expondo-a aos diferentes textos que circulam socialmente, explorando, assim, suas capacidades linguísticas por meio de inferências e atribuições de sentido ao texto lido.

No entanto, a despeito dessa necessidade e motivados pela representação de que os Surdos são deficientes da linguagem, que são incapazes de compreender o que leem e de escrever com clareza, as práticas pedagógicas os colocam na posição passiva de receptores que devem memorizar vocábulos isolados, sem condições de entender relações textuais mais amplas (Karnopp; Pereira, 2004).

Argumenta Fernandes (1999) que, como consequência disso, as respostas para o fracasso escolar abordado não são buscadas nas estratégias inadequadas destinadas ao aprendizado da língua, mas são justificadas como inerentes à condição de sua "deficiência auditiva". Na verdade, desconsidera-se, nesse processo, a possibilidade diferenciada de apropriação da língua portuguesa pelos Surdos, mediada simbolicamente pela língua de sinais, ou seja, com base em estratégias essencialmente **visuais**, e não **orais-auditivas**, como acontece com pessoas ouvintes.

Em textos produzidos por alunos Surdos, é comum os professores se depararem com:

» palavras inadequadas;
» troca de artigos;
» omissão ou erros no uso de preposições, conjunções e outros elementos de ligação;
» problemas de concordância nominal (gênero, pessoa e número);
» uso inadequado de verbos;
» alterações atípicas na ordem **sujeito-verbo-objeto**, na construção da frase.

Os textos que seguem, escritos em situação informal (texto 1 – bilhete) e formal (texto 2 – comunicado), exemplificam essas características:

> Texto 1: Bilhete
>
> *Ola,*
>
> *Que bom minha amigos algum todos, vamos visitar informação mundo aqui.*
>
> *E eu enviar você quando mandar outros mais comunidade qualquer informação.*
>
> *E brevemente site feneis vai reformar aproximação e esperado pouco.*
>
> *E voce receber email ok aviso me quando eu enviar informação voce.*
>
> *Grato*
>
> Texto 2: Comunicado
>
> *Comunidades surdas assumiram ser orgulhoso da defesa de direitos de Surdos...*
>
> *Atenção comunidades surda ninguem fiquem medo ou ficar calado?!*
>
> *Por que Surdos tem direitos de Surdo ou Surdos não conhecem ser direitos?!*
>
> *Por favor, atenção comunidade surda e instrutores Surdos precisam observar edital do concurso publicado qualquer tem falhar concurso?!*

Estrangeiros que estão adquirindo uma segunda língua, cuja estruturação gramatical difere consideravelmente de sua língua materna, deparam-se com **dificuldades semelhantes às dos**

Surdos em relação ao uso de preposições, tempos verbais, sufixação, prefixação, concordância nominal e verbal, ou seja, nos componentes estruturais da segunda língua, que são diferentes de sua língua-base. Esse processo é decorrente da interferência linguística de sua primeira língua (a língua de sinais) e/ou ao quase inexistente acesso a práticas linguísticas significativas com a língua portuguesa (Fernandes, 1998).

Assim, o mínimo desejável da escola, ao se deparar com um texto escrito singular, marcado pela condição bilíngue do aluno Surdo, é que haja uma postura diferenciada em relação aos critérios de avaliação utilizados. O aprendizado do português, para os Surdos, inicia-se nas séries iniciais do ensino fundamental e, quase sempre, ocorre sem adequações metodológicas, voltadas às suas especificidades linguísticas de aprendiz de segunda língua. Nas séries finais (5ª a 8ª séries), apresentarão inúmeras dificuldades em seus primeiros contatos com textos científicos – altamente abstratos e complexos em organização gramatical – pela pouca experiência com a língua portuguesa, encontrando dificuldades no vocabulário e na compreensão de orações mais complexas (subordinadas, reduzidas, na voz passiva, entre outras). Esse fato influirá negativamente na compreensão dos textos-base das diferentes disciplinas, bem como na resolução de problemas pela dificuldade de compreensão dos enunciados propostos.

A consciência de todas essas particularidades pelos professores – não só os de Língua Portuguesa, já que a língua permeia a organização de todas as disciplinas – aponta para a revisão de práticas pedagógicas, elegendo estratégias de ensino e critérios de avaliação diferenciados que possam considerar as produções singulares de alunos Surdos em comparação ao padrão apresentado por alunos ouvintes.

Com a leitura e a interpretação de textos[3], todas as atividades de leitura devem ser contextualizadas em referenciais visuais que permitam ao aluno uma compreensão prévia do tema implicado. É a leitura das imagens nas diferentes linguagens (desenho, pintura, escultura, murais, maquetes, teatro, dramatização, mímica etc.) que contribuirá para a ampliação dos sentidos do texto.

Na elaboração de exercícios e questões, será sempre prejudicial utilizar questões que exijam apenas respostas dissertativas, em função da pouca experiência dos alunos Surdos com a escrita. É fundamental que sejam propostas novas formas de demonstrar a aprendizagem, pois, se tudo o que o aluno Surdo souber for avaliado por sua produção escrita, reduzem-se enormemente suas possibilidades de sucesso e avanço acadêmico.

Em relação à avaliação da produção escrita, é fundamental valorizar o conteúdo desenvolvido pelos alunos, buscando a coerência em seu texto, mesmo que a estruturação frasal não corresponda aos padrões exigidos para o nível/série em que se encontra. Deve-se ter em mente que a produção analisada está organizada em segunda língua, e não em língua materna, o que poderá acarretar:

---

3 Todas as orientações aqui apresentadas fazem parte do documento *Educação bilíngue para Surdos: desafios à inclusão*, elaborado por Fernandes (2006e) para o Grupo de Estudos dos Professores da Rede Estadual da Secretaria de Educação do Paraná.

» o uso de palavras aparentemente inadequadas ou sem sentido, que não indicam um significado diverso do pretendido pelo aluno;
» possíveis equívocos em relação ao uso de tempos verbais e a omissão ou inadequação no uso de artigos e preposições, decorrentes do desconhecimento da língua portuguesa ou da interferência da Libras;
» vocabulário "pobre" ou limitado, em virtude das poucas experiências significativas com a língua portuguesa que a criança Surda vivenciou em sua infância.

Do mesmo modo, devem ser redimensionados os critérios de avaliação que tenham como pré-requisito a oralidade ou a percepção auditiva para sua compreensão (acentuação, tonicidade silábica, pontuação, ditados e exercícios ortográficos, discriminação de fonemas etc.).

Sabe-se o quanto é difícil para o professor, sozinho, assimilar esse conjunto de novas informações relacionadas à escolarização de alunos Surdos e decidir sobre as melhores estratégias metodológicas, de modo a não ignorar suas necessidades diferenciadas e não marginalizar suas produções escritas. Por isso, dada a importância da tomada de decisão aí implicada, seria oportuno que essas reflexões fossem fruto de uma discussão conjunta entre professores regentes, equipe técnico-pedagógica e professores especializados.

Essa ressignificação das práticas escolares exige postura e atitude positivas diante da diferença, na qual a produção de alunos ouvintes – falantes nativos do português – não poderá ser tomada como parâmetro de análise ou comparação com aquelas dos alunos Surdos.

Espera-se que esse conjunto de informações, ainda que genéricas, tenham sido úteis para subsidiar o professor e ajudá-lo a refletir sobre as dificuldades enfrentadas pelos alunos Surdos que estudam em classes no ensino regular, buscando formas de superação.

4.3 A inclusão de alunos Surdos e o atendimento educacional especializado

A efetivação de um processo educacional com enfoque bilíngue para Surdos envolve uma diversidade de possibilidades e contextos de atendimento. A depender da realidade de cada município e da disponibilidade de profissionais habilitados, a escolarização poderá ocorrer:

» em escola regular, com ou sem apoio de intérpretes de língua de sinais em sala de aula;
» em escola regular, com apoio especializado, no contraturno, em sala de recursos ou instituições especializadas;
» em classes bilíngues, abertas aos demais alunos;
» em escolas bilíngues, abertas aos demais alunos.

Essas são as alternativas de atendimento educacional especializado oferecidas aos alunos Surdos, que não excluem a necessidade de mudanças no projeto político-pedagógico.

A seguir, caracterizaremos cada um dos apoios e dos serviços especializados previstos na legislação de modo a assegurar os atendimentos necessários aos alunos Surdos, a depender da realidade local:

» **Sala de recursos** – Serviço de natureza pedagógica, com a finalidade de apoio à escolarização formal de alunos Surdos matriculados na educação básica, desenvolvido por professor especializado, quando possível com o auxílio de instrutor Surdo. A sala de recursos oferece complementação curricular por meio do acesso à Libras e à modalidade escrita da língua portuguesa desde a educação infantil.

» **Intérprete de Libras/Língua Portuguesa** – Profissional bilíngue que atua no contexto do ensino regular em que há alunos Surdos que utilizam a língua de sinais, regularmente matriculados nos diferentes níveis e modalidades da educação básica. O profissional intérprete media situações de comunicação entre os alunos Surdos e demais membros da comunidade escolar por meio da interpretação/tradução da língua de sinais/língua portuguesa. Sua outra função é informar à comunidade escolar sobre as formas mais adequadas de comunicação a serem utilizadas, de modo a assegurar a proposta de educação bilíngue, viabilizando a interação e a participação efetiva do aluno nas diferentes situações de aprendizagem e interação no contexto escolar. A atuação do profissional intérprete caracteriza suporte pedagógico, e não exercício de docência; portanto, a responsabilidade pela aprendizagem do aluno é do professor regente.

» **Instrutor Surdo de Libras** – Profissional que tem como função ensinar e difundir a Libras e os aspectos socioculturais da surdez na comunidade escolar. No âmbito pedagógico, atua como modelo de identificação linguístico-cultural para as crianças Surdas, de modo a oportunizar a apropriação da Libras como primeira língua no currículo escolar.

» **Classes de educação bilíngue** – Caracterizam-se pela formação de turmas compostas por alunos Surdos e ouvintes, no contexto da escola regular. O currículo a ser seguido será o mesmo proposto para a série/ciclo em questão, mediante a utilização da língua de sinais como língua de instrução e de interação. A língua portuguesa, em sua modalidade escrita, será ofertada como segunda língua.

» **Instituições especializadas** – Escolas especiais que oferecem, em contraturno, atendimentos de natureza pedagógica, desenvolvidos por professores especializados; de natureza terapêutica, desenvolvidos por fonoaudiólogos (terapia de fala, indicação e adaptação de próteses, estimulação auditiva entre outros); e/ou de natureza assistencial, desenvolvidos por psicólogos e/ou assistentes sociais.

» **Escola de educação bilíngue** – Escolas para Surdos com autorização para a oferta de educação infantil, ensino fundamental e/ou ensino médio. O critério básico para seu funcionamento é o desenvolvimento da proposta de educação bilíngue, por meio da constituição de equipe técnico-pedagógica com domínio da Libras. O currículo a ser seguido será o mesmo dos demais estabelecimentos de ensino, mediante a utilização da língua de sinais como língua de instrução e interação. A língua portuguesa, em sua modalidade escrita, será ofertada como segunda língua. Em alguns casos, há a possibilidade da oferta de atendimentos complementares de outra natureza (fonoaudiologia, psicologia, assistência social, entre outros). Segundo o Decreto nº 5.626, de 22 de dezembro de 2005, essas escolas devem ser abertas à comunidade, recebendo também alunos ouvintes, se for o caso (Brasil, 2005).

Esses serviços proporcionam o avanço acadêmico dos alunos Surdos em condições de igualdade com os demais alunos do sistema educacional.

Síntese

Neste capítulo, apresentamos os aspectos conceituais da educação bilíngue para Surdos e a indicação das políticas educacionais necessárias à sua implantação nos sistemas de ensino. Destacamos a necessidade da formação de novos profissionais para a realização dessa proposta, como é o caso do professor ou instrutor de Libras, do profissional tradutor/intérprete e do professor bilíngue. Em relação aos fundamentos de um currículo inclusivo para Surdos, apresentamos sugestões para a reorganização da escola em relação à comunicação com os alunos, ao aprendizado da língua portuguesa como segunda língua e à avaliação diferenciada das produções escritas do aluno Surdo. Nesse ponto, chamamos a atenção para o percurso da aprendizagem do português para Surdos, o qual se assemelha ao de aprendizes de língua estrangeira, tendo em vista a interferência da estrutura da Libras em suas produções. Por fim, detalhamos as funções e as finalidades dos principais serviços de apoio pedagógico oferecidos pela educação especial como apoio ao processo de inclusão escolar de alunos Surdos.

Indicações culturais

Livros

FERNANDES, S. Letramentos na educação bilíngue para Surdos. In: BERBERIAN, A. et al. (Org.). **Letramento**: referências em saúde e educação. São Paulo: Plexus, 2006.

FERNANDES, S. **Critérios diferenciados de avaliação na língua portuguesa para estudantes Surdos**. 2. ed. Curitiba: Seed/Sued/DEE, 2002. Disponível em: <http://www.diaadiaeducacao.pr.gov.br/portals/portal/institucional/dee/dee_surdez.php>. Acesso em: 22 jun. 2011.

_____. É possível ser Surdo em português? Língua de sinais e escrita: em busca de uma aproximação. In: SKLIAR, C. (Org.). **Atualidades na educação bilíngue para Surdos**. Porto Alegre: Mediação, 1999. p. 59-81. v. 2.

_____. **Educação bilíngue para Surdos**: desafios à inclusão. Curitiba: Seed/Sued/DEE, 2006. Disponível em: <http://www.diaadiaeducacao.pr.gov.br/portals/portal/institucional/dee/grupo_estudo_surdez2006.pdf>. Acesso em: 22 jun. 2011.

Atividades de autoavaliação

1. Assinale a alternativa que **não** corresponde às necessidades dos Surdos na inclusão:
    a) A capacitação de professores bilíngues.
    b) A mediação de intérpretes de Libras em todas as atividades escolares.
    c) A garantia da educação bilíngue desde o ensino fundamental até o superior.
    d) Incluir a Libras como disciplina nas escolas e ensinar o português como segunda língua para Surdos.

2. Em relação ao bilinguismo para Surdos, assinale (V) para as sentenças verdadeiras ou (F) para as falsas:
    ( ) O ideal é que eles aprendam a Libras como primeira língua e o português oral como segunda língua.
    ( ) O ideal é que eles aprendam a Libras como primeira língua e o português oral e/ou escrito como segunda língua.
    ( ) O ideal é que eles aprendam o português como primeira língua na família e a Libras na escola.

( ) O ideal é que eles aprendam o português como segunda língua na escola e a Libras na família.

3. No que se refere ao aprendizado do português pelos Surdos, marque as alternativas como verdadeiras (V) ou falsas (F):
   ( ) Em sua modalidade escrita, deverá ser ministrado por professores bilíngues, com estratégias metodológicas de ensino de segunda língua.
   ( ) Não serão necessárias adequações no processo de avaliação escrita, apenas de ensino.
   ( ) Sua modalidade oral ficará sob a responsabilidade de fonoaudiólogos.
   ( ) Todas as afirmativas anteriores estão corretas.

4. Em relação à avaliação de Surdos, marque (V) para verdadeiro ou (F) para falso:
   ( ) Os Surdos não apresentam diferenças na escrita do português em relação às crianças que ouvem. O que ocorre é que eles demoram mais para aprender.
   ( ) Alunos Surdos aprendizes do português contam com uma escrita com incorreções gramaticais, semelhante à escrita de estrangeiros aprendendo a segunda língua.
   ( ) A legislação assegura critérios de avaliação diferenciados em língua portuguesa, respeitando-se sua diferença linguística.
   ( ) Para a aprendizagem da escrita, o professor não deverá enfatizar relações entre fonemas/grafemas.

5. Assinale a única alternativa que **não** corresponde a um serviço de apoio especializado para Surdos:

   a) Instrutor e intérprete de Libras.

   b) Salas de recursos no contraturno escolar.

   c) Classes e escolas com educação bilíngue.

   d) Escolas especiais.

Atividades de aprendizagem

Questões para reflexão

1. Diferencie os processos comunicativos utilizados no bimodalismo e no bilinguismo na educação de Surdos. Exemplifique cada um desses processos.

2. O processo de aprendizagem do português como segunda língua pelos Surdos pode ser comparado ao percurso realizado por estrangeiros, falantes de línguas gramaticalmente muito diferentes do português, como o chinês e o inglês. Identifique quais são as principais dificuldades dos Surdos na apropriação da escrita do português.

Atividades aplicadas: prática

1. Considerando os aspectos de sua pesquisa sobre as características da escrita de Surdos, compare os textos a seguir de dois adultos – um norte-americano e um Surdo brasileiro – e

identifique quais seriam as características que assemelham suas produções escritas em segunda língua. Reflita sobre o porquê da necessidade de serem adotados critérios diferenciados na avaliação dos alunos Surdos na escola regular.

> Texto 1 – *E-mail* de um norte-americano para a cunhada brasileira
>
> *Eu carro vende para $ 1.600.00 ou posso para um pouco menos se preciso talvez $ 1.500.00 um pouco menos para familia. Eu gosto esse computador muinto, eu compra uma pra me tambem and e otimo!! Que voces pensa com esse notebook? Pode vende para esse preso? Sabe alguma pessoa intersante?*
>
> *Escreve para me por favor..tambem tem outro cam para computador paricedo do que o cam eu compra para Adriano.... quanto voces pense eu possa venda pra? Um abraso para todo mundo...Ron*
>
> Texto 2 – Síntese do acidente ocorrido com o avião da TAM, no aeroporto de Congonhas, em julho deste ano.
>
> *Tragédia em São Paulo*
>
> *Na terça-feira (dia 16/07) a noite aconteceu uma tragedia do avião com 186 pessoas a bordo do Airbus 320 bateu uma empresa TAM e não conseguiu frear o avião. Expoldiu tudo que avião caiu até posto de gasolina e tinha pessoas*

> *atravessam e forem morrem. Tem fumaça grande como bola de fogo e espalham pelo ar. Os bombeiros chegarem e tentam salvar as pessoas, mas, já é tarde que dentro da empresa tinha pessoas estão pedindo socorro e não conseguiram e pularam para fora e alguns morrem e alguns foram hospital com fraturas graves.*
>
> *O destino do avião era Porto Alegre (Poa).*

2. Pesquise em uma escola que ofereça atendimento educacional especializado a alunos Surdos em seu município e identifique os seguintes aspectos:

   a) Tipo de atendimento especializado:
   - ( ) Escola especial para Surdos.
   - ( ) Sala de recursos.
   - ( ) Escola regular com apoio de profissional intérprete.
   - ( ) Outro tipo de atendimento especializado.

   b) Os alunos Surdos matriculados apresentam:
   - ( ) perdas auditivas parciais (leves e moderadas).
   - ( ) perdas auditivas totais (severas e profundas).
   - ( ) ambas as perdas.

   c) Entre os alunos Surdos estão:
   - ( ) filhos de pais ouvintes que não utilizam a língua de sinais.
   - ( ) filhos de pais ouvintes que estão aprendendo a língua de sinais na escola.

( ) filhos de pais Surdos que utilizam a língua de sinais desde a infância.
( ) Outra situação.

d) Qual a filosofia educacional adotada pelo professor e/ou pela escola?
( ) Oralismo.
( ) Comunicação Total.
( ) Bilinguismo (Libras e língua portuguesa – oral e escrita).
( ) Bilinguismo (Libras e Língua portuguesa escrita).
( ) Não soube informar.

e) Quanto aos profissionais da escola, há:
( ) professores ouvintes que desconhecem a Libras.
( ) professores ouvintes bilíngues.
( ) professores e/ou instrutores Surdos.
( ) profissionais tradutores e intérpretes de Libras.

f) Quanto ao conhecimento de Libras pela comunidade escolar:
( ) apenas os alunos Surdos conhecem e utilizam a Libras.
( ) os professores especializados e os alunos Surdos dominam a Libras.
( ) além dos alunos Surdos, pais e professores e alunos ouvintes conhecem a Libras e se comunicam por meio dela.
( ) ninguém conhece ou utiliza a Libras na escola.

3. Ainda nesse mesmo contexto, responda às seguintes questões:
   a) A observação das práticas escolares e as respostas às perguntas dadas são coerentes com a resposta dada à questão "d" (filosofia educacional adotada pela escola)?
   b) Com base nos estudos realizados neste módulo e nos dados colhidos na escola, enumere as dificuldades a serem superadas pela comunidade escolar para a implantação da educação bilíngue para Surdos.

Considerações finais

Neste livro, procuramos apresentar uma breve, porém consistente, análise de aspectos históricos, linguísticos, culturais e sociais que atravessam o desafio da inclusão escolar de alunos Surdos, destacando-se a década de 1990 e os anos iniciais do atual milênio.

Muitos outros fatores poderiam ser pontuados, ou mesmo alguns dos pontos abordados poderiam ser aprofundados, demonstrando a complexa situação da escolarização dos Surdos nesse momento histórico.

Nosso objetivo principal foi o de demonstrar que mais do que promover adaptações e pequenas mudanças no currículo escolar, há que se difundir novas representações sobre os Surdos e a surdez, as quais sinalizem para suas potencialidades como grupo cultural.

Nesse intento, repousa o reconhecimento indiscutível do valor da língua de sinais para os Surdos e sua incorporação nas agendas das políticas públicas, assegurando que, na prática, a cidadania bilíngue dos Surdos seja plenamente realizada, expandindo suas possibilidades pessoais e profissionais.

Esperamos que o conjunto de reflexões apresentado aqui possa ter contribuído para que os educadores transformem estratégias de submissão e domesticação em práticas de respeito à diferença e à libertação no cotidiano escolar.

Referências

BERGAMO, A.; SANTANA, A. P. Cultura e identidade surdas: encruzilhada de lutas sociais e teóricas. **Educação & Sociedade**, Campinas, v. 26, n. 91, p. 565-582, maio/ago. 2005. Disponível em: <http://www.cedes.unicamp.br>. Acesso em: 20 abr. 2006.

BÍBLIA. Português. **Bíblia sagrada**. Tradução do Centro Bíblico Católico. 34. ed. rev. São Paulo: Ave Maria, 1982.

BRASIL. Decreto n. 5.626, de 22 de dezembro de 2005. **Diário Oficial da União**, Brasília, DF, 23 dez. 2005. p. 28. Disponível em: <http://www6.senado.gov.br/legislacao/listaPublicacoes.action?id=253539>. Acesso em: 9 jul. 2011.

_____. Lei n. 10.098, de 19 de dezembro de 2000. **Diário Oficial da União**, Brasília, DF, 20 dez. 2000. p. 2. Disponível em: <http://www6.senado.gov.br/legislacao/ListaPublicacoes.action?id=231344>. Acesso em: 9 jul. 2011.

BRASIL. Lei n. 10.436, de 24 de abril de 2002. **Diário Oficial da União**, Brasília, DF, 25 abr. 2002. p. 23. Disponível em: <http://www6.senado.gov.br/legislacao/ListaPublicacoes.action?id=234606>. Acesso em: 9 jul. 2011.

BRASIL. Ministério da Educação. Conselho Nacional de Educação. Resolução CEB/CNE n. 2/2001, de 11 de setembro de 2001. **Diário Oficial da União**, Brasília, DF, 14 set. 2001. Disponível em: <http://portal.mec.gov.br/arquivos/pdf/resolucao2.pdf>. Acesso em: 9 jul. 2011.

_____. Ministério da Educação. Secretaria de Educação Especial. **Saberes e práticas da inclusão**. Desenvolvendo competências para o atendimento às necessidades educacionais de alunos Surdos. Brasília: MEC/Seesp, 2003a.

_____. Ministério da Educação. Secretaria de Educação Especial. **Língua Brasileira de Sinais**. Brasília: Seesp, 1997. v. III. p. 19-64. (Série Atualidades Pedagógicas, v. 4).

_____. Portaria n. 3.284, de 7 de novembro de 2003. **Diário Oficial da União**, Brasília, DF, 11 nov. 2003b. p. 12. Disponível em: <http://portal.mec.gov.br/arquivos/pdf/portaria3284.pdf>. Acesso em: 9 jul. 2011.

_____. L. F. **Integração social e educação de Surdos**. Rio de Janeiro: Babel, 1995.

_____. **Por uma gramática de língua de sinais**. Rio de Janeiro: Tempo Brasileiro, 1998.

BRITO, L. F. Uma abordagem fonológica dos sinais da LSCB. **Espaço**: Informativo Técnico-científico do Ines, Rio de Janeiro, n. 1, jul./dez. 1990.

BUENO, J. G. S. Surdez, linguagem e cultura. In: **Cadernos Cedes**, Campinas, v. 19, n. 46, p. 41-56, set. 1998.

CÂMARA JÚNIOR, J. M. **História da linguística**. Petrópolis: Vozes, 1975.

ESPAÇO: informativo técnico científico do Ines. **Histórico do Ines**. Rio de Janeiro: Ines, 1997.

FELIPE, T. A. Introdução à gramática da Libras. In: BRASIL. Ministério da Educação. Secretaria de Educação Especial. **Língua Brasileira de Sinais**. Brasília: Seesp, 1997. p. 19-64. (Série Atualidades Pedagógicas, v. 4).

_____. Por uma tipologia dos verbos na LSCB. In: CONGRESSO DA ASSEL, 2., 1993, Rio de Janeiro. **Anais**... Rio de Janeiro: UFRJ – Faculdade de Letras, 1993. p. 726-743.

FELIPE, T. A.; MONTEIRO, M. S. **Libras em contexto**. Curso Básico. Brasília: MEC/Seesp, 2001.

FERNANDES, S. Bons sinais. **Revista Discutindo Língua Portuguesa**, São Paulo, Escala Editorial, v. 1, n. 4, p. 22-25, 2006a.

_____. Conhecendo a surdez. In: BRASIL. Ministério da Educação. **Saberes e práticas da inclusão**. Dificuldades de comunicação e sinalização. Surdez. Educação Infantil. Brasília: MEC/Seesp, 2003.

_____. **Critérios diferenciados de avaliação na Língua Portuguesa para estudantes Surdos**. 2. ed. Curitiba: Seed/Sued/DEE, 2002. Disponível em: <http://www.diaadiaeducacao.pr.gov.br/portals/portal/institucional/dee/dee_surdez.php>. Acesso em: 29 maio 2011.

FERNANDES, S. **Educação bilíngue para Surdos**: desafios à inclusão. Curitiba: Seed/Sued/DEE, 2006b. Disponível em: <http://www.diaadiaeducacao.pr.gov.br/portals/portal/institucional/dee/grupo_estudo_surdez2006.pdf>. Acesso em: 18 jul. 2011.

_____. **Educação bilíngue para Surdos**: trilhando caminhos para a prática pedagógica. Curitiba: Seed/Sued/DEE, 2004.

_____. É possível ser Surdo em português? Língua de sinais e escrita: em busca de uma aproximação. In: SKLIAR, C. (Org.). **Atualidades na educação bilíngue para Surdos**. Porto Alegre: Mediação, 1999. p. 59-81. v. 2.

_____. **Fundamentos para educação especial**. Curitiba: Ibpex, 2006c. (Coleção Normal Superior).

_____. Letramentos na educação bilíngue para Surdos. In: BERBERIAN, A. et al. (Org.). **Letramento**: referências em saúde e educação. São Paulo: Plexus, 2006d.

_____. **Metodologia da educação especial**. Curitiba: Ibpex, 2006e. (Coleção Normal Superior).

_____. **Surdez e linguagens**: é possível o diálogo entre as diferenças? Dissertação (Mestrado em Estudos Linguísticos) – Setor de Ciências Humanas, Letras e Artes, Universidade Federal do Paraná, Curitiba, 1998.

FERNANDES, S.; STROBEL, K. L. **Aspectos linguísticos da Língua Brasileira de Sinais**: Libras. Curitiba: Seed/Sued/DEE, 1998.

FOUCAULT, M. **Vigiar e punir**. Petrópolis: Vozes, 1984.

GARCIA, B. G. O multiculturalismo na educação dos Surdos: a resistência e a relevância da diversidade para a educação. In: SKLIAR, C. (Org.). **Atualidade da educação bilíngue para Surdos**. Porto Alegre: Mediação, 1999. v. 2.

GESUELI, Z. M. A escrita como fenômeno visual nas práticas discursivas de alunos Surdos. In: LODI, A. C. et al. (Org.). **Leitura e escrita no contexto da diversidade**. Porto Alegre: Mediação, 2004.

KARNOPP, L. B. Produções do período pré-linguístico. In: SKLIAR, C. (Org.). **Atualidade da educação bilíngue para Surdos**. Porto Alegre: Mediação, 1999. v. 2.

KARNOPP, L. B.; PEREIRA, M. C. C. Concepções de leitura e escrita e educação de Surdos. In: LODI, A. C. et al. (Org.). **Leitura e escrita no contexto da diversidade**. Porto Alegre: Mediação, 2004.

KARNOPP, L. B.; QUADROS, R. M. de. **Língua de Sinais Brasileira**. Estudos linguísticos. Porto Alegre: Artmed, 2004.

KLEIMAN, A. B. A construção de identidade em sala de aula: um enfoque interacional. In: SIGNORINI, I. (Org.). **Lingua(gem) e identidade**: elementos para uma discussão no campo aplicado. Campinas: Mercado das Letras, 1998.

LACERDA, C. B. F. **Um pouco da história das diferentes abordagens na educação dos Surdos**. Disponível em: <http://www.sj.cefetsc.edu.br/~nepes/docs/midiateca_artigos/historia_educacao_Surdos/texto29.pdf>. Acesso em: 19 jun. 2011.

MAIA, L. M. **Os direitos das minorias étnicas**. Disponível em: <http://www.dhnet.org.br/direitos/militantes/lucianomaia/lmaia_minorias.html>. Acesso em: 20 mar. 2011.

MONTEIRO, M. S. História dos movimentos dos Surdos e o reconhecimento da Libras no Brasil. **Educação Temática Digital**, v. 7, n. 2, p. 279-289, 2006. Disponível em: <http://143.106.58.55/revista/viewissue.php?id=8#Dossiês>. Acesso em: 2 jun. 2011.

OVIEDO, A. ¿Lengua de Señas, Lenguaje de signos, Lenguaje gestual, Lengua manual? Razones para escoger una denominación. **El bilingüismo de los Sordos**, Bogotá, v. 1, n. 2, p. 7-11, 1998.

PERLIN, G. Identidades surdas. In: SKLIAR, C. (Org.). **A surdez**: um olhar sobre as diferenças. Porto Alegre: Mediação, 1998.

PERLIN, G.; QUADROS, R. M. de. Ouvinte: o outro do ser Surdo. In: QUADROS, R. M. de. (Org.). **Estudos Surdos I**. Petrópolis: Arara Azul, 2006.

QUADROS, R. M. de. **Educação de Surdos**: a aquisição da linguagem. Porto Alegre: Artes Médicas, 1997.

_____. **As categorias vazias pronominais**: uma análise alternativa com base na Libras e reflexos no processo de aquisição. Dissertação (Mestrado em Linguística Aplicada) – Pontifícia Universidade Católica do Rio Grande do Sul, Porto Alegre, 1995.

SACKS, O. **Vendo vozes**: uma jornada pelo mundo dos Surdos. Rio de Janeiro: Imago, 1990.

SÁNCHEZ, C. **La educación de los sordos en un modelo bilingüe**. Mérida: Diakonia, 1991.

_____. **La increible y triste historia de la sordera**. Caracas: Ceprosord, 1990.

_____. Vida para os Surdos. **Revista Nova Escola**, São Paulo, p. 32-37, set. 1993.

SILVA, V. Educação de Surdos: uma releitura da primeira escola pública para Surdos em Paris e do Congresso de Milão em 1880. In: QUADROS, R. M. de. (Org.). **Estudos Surdos I**. Petrópolis: Arara Azul, 2006. v. 2.

SKLIAR, C. **Atualidade da educação bilíngue para Surdos**. Porto Alegre: Mediação, 1999. v. 2.

SKLIAR, C. (Org.). **Atualidade da educação bilíngue para Surdos**. Porto Alegre: Mediação, 1999. v. 2.

_____. **Educação e exclusão**: abordagens socioantropológicas em educação especial. Porto Alegre: Mediação, 1997a.

_____. **La educación de los sordos**: una reconstrucción histórica, cognitiva y pedagógica. Mendoza: Ediunc, 1997b.

THOMA, A da S. A inversão epistemológica da anormalidade surda na pedagogia do cinema. In: THOMA, A. da S.; LOPES, M. C. **A invenção da surdez:** cultura, alteridade, identidade e diferença no campo da educação. Santa Cruz do Sul: Edunisc, 2004.

VYGOTSKY, L. S. **A formação social da mente**. 4. ed. São Paulo: M. Fontes, 1991.

WACQUANT, L. Que é gueto? Construindo um conceito sociológico. **Revista Sociologia Política**, Curitiba, n. 23, p. 155-164, nov. 2004.

Gabarito

Capítulo 1

1. c
2. c
3. V, F, V, F
4. V, F, F, V
5. V

Capítulo 2

1. V, F, V, V
2. c
3. V
4. c
5. c

Capítulo 3

1. F, F, V, V
2. b
3. F
4. b
5. a

Capítulo 4

1. c
2. V, V, F, F
3. V, F, V, F
4. F, V, V, V
5. d

Nota sobre a autora

Sueli Fernandes é doutora em Estudos Linguísticos (2003) e mestre em Linguística (1998) pelo Programa de Pós-Graduação em Letras da Universidade Federal do Paraná (UFPR). É professora do setor de Educação da UFPR, coordenadora do curso de Letras Libras – Polo UFPR e docente de cursos de graduação e pós-graduação nas áreas de linguística e educação especial. Nessa última área, atua desde 1990 desenvolvendo consultorias, mais especificamente relacionadas à educação bilíngue para Surdos. Nos últimos anos, vem se dedicando a pesquisas de letramento voltadas ao ensino de português como segunda língua para alunos Surdos. É autora de diversas publicações nas áreas de educação especial e educação de Surdos, com destaque para a coautoria do caderno *Saberes e Práticas da Inclusão: desenvolvendo competências para o trabalho com as necessidades educacionais de alunos Surdos*, da Secretaria de Educação Especial do Ministério da Educação (MEC).

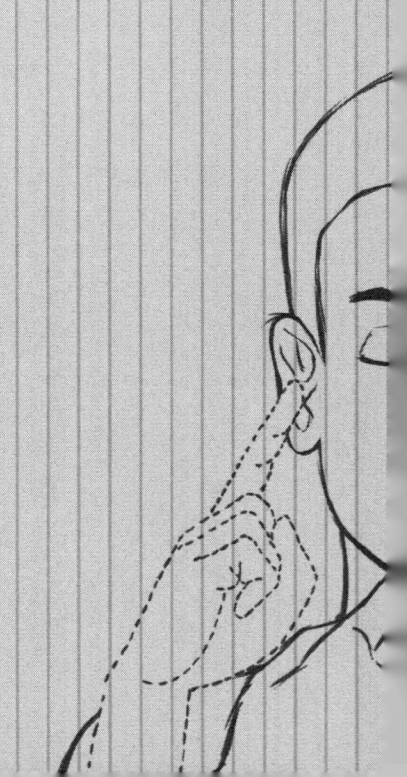

Impressão: BSSCard
Março/2013